信州怪談
鬼哭編

丸山政也

竹書房
怪談
文庫

目次

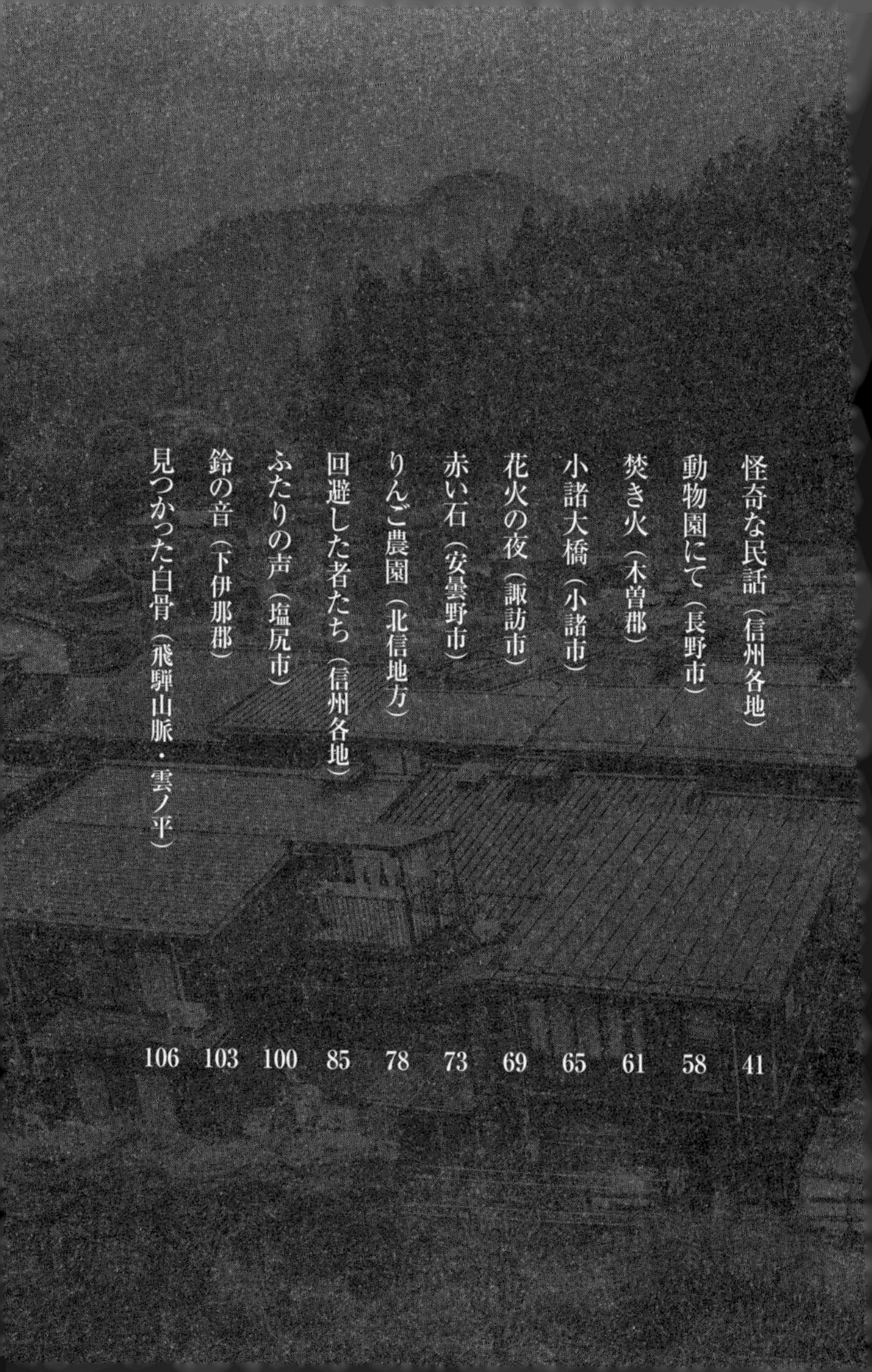

長野県民は県名よりも信州という呼称を好んで使う。「長野」というと県庁所在地の長野市を指すため、区別するために用いられているようだ。北信・東信・中信・南信の四つの地域に分けられるが、それぞれ産業や食文化などの面で大きく異なっている。海を有しないが八つの県と接しており、周囲から多大な影響を受けつつ独自の文化を育んできた。
また県境は急峻な山岳ばかりで、古くから多数の事故死者が出ている。そういった場所が現在では心霊スポット化している点が実に興味深い。

桜の根（飯田市）

戦後まもない昭和二十二年（一九四七年）四月に飯田《いいだ》市で起きた大規模火災は、市街地の七割を焼き尽くすという前代未聞の大火だったことはよく知られている。

元々城下町として発展し、信州の小京都と呼ばれていたように京都の町割を参考にした街づくりだったため、長屋構造の家が整然と建ち並び、道路の幅も狭かったことが被害の拡大してしまった理由と考えられているようだ。

現在、その跡地である防火帯道路の緑地部分には、りんごの木の植樹がされている。昔を知ることのないひとたちには、過去にその場所で甚大な災害があったことは、とても信じることができないだろう。

復興は翌年の昭和二十三年（一九四八年）から徐々に始まったが、その頃の出来事だという。

大火のあった当時、飯田市に住むDさんの祖父は土建業に従事していたが、復興事業には同業の仲間や普段は農家を営む知人たちと当たることになったそうだ。

全焼した家屋はすぐに取り壊されたが、焼けた立木は伐採しても切り株が残り、根を掘り起こして引き抜く必要があった。それがどうにも大変だった。地中に張った根はまだ完全には死んでいないからである。その頃はショベルカーのような重機もなかったので、抜根作業はすべて人力で行うしかなかった。

そんなある日のこと。

市街地の外れに生えていた一本の桜の大木が半分ほど焼けてしまったので、仕方なく伐採することになった。数人掛かりで伐り倒すと、高さと直径ともに五十センチほどの大きな切り株が残った。

桜の木は生命力が強く、根が広く張っていることがあるので、かなり遠くのほうからスコップで掘っていき、根とおぼしいものは端から切っていった。時間を掛けて切り株がぐらついてきたところで何人かで力任せに一気に引き抜いた。

――と、そのとき、Dさんの祖父はそこに思わぬものを見て、

「おい、ちょっと待っとくれ。なんか、根っこンところに妙なもんがあるぞ」

そういいながら手を伸ばしてみると、それはどう見ても人間の髪の毛だった。それが桜の木の根に複雑に絡みついているのだ。

長さは一メートル近くもありそうで、見る限り女性の髪の毛のようだが、成人ひとり分

の毛の量はあると思われた。

去年の火災で亡くなったひとだろうか。しかし、そのような被害者がこの場所で出ているとは聞いていない。第一、地中深くの木の根からそんなものが出てくるなど、どう考えてもありえない話だった。

「ややや、こりゃ死体があるかもしれんな。そうなっちまうと面倒くせえ。どうするかい？根っこだけ引っこ抜いて、このまま埋めちまうか」

忌々《いまいま》しそうに他の者がそういったが、Dさんの祖父は、それはまずいだろう、と答えた。

スコップを握り直して丁寧に周囲を掘り進めてみたが、範囲を拡げても死体らしいものはなにも出てこなかった。

一応警察を呼んだが、死体《ホトケ》がないのでは調べることもできないという。

「髪の毛だけではねえ。ずっと以前に誰かが埋めといたんではないのかな。理由はわからんが――」

困ったように警察官がそういうので、仕方なく髪の毛が付いたまま桜の切り株は処分することになった。

ところが、その日の夜。

Dさんの祖父は夢を見た。

満開の夜桜の下に立つ、ひとりの女。

女は着物を身につけ、そのうえに男物のような黒い羽織を着ている。頭は島田髷《しまだまげ》に結っているが、躯《からだ》が木のほうに向いているので顔立ちはよくわからない。桜の花びらと女の項《うなじ》だけが白く月明かりに照らされているのだった。

女は頭の額のほうが妙な具合に下へ垂れていた。だが、俯《うつむ》いているのとは少し違う。よく見ると、その首筋には組紐のようなものが醜《みにく》く食い込んでいる。

立っているのではなかった。桜の木の枝に紐を引っ掛けて、女は首を吊っているのだった。

あまりにも生々しい映像に、Dさんの祖父は、がばりと布団から跳ね起きた。呼吸が乱れ、全身にひどい寝汗を掻《か》いている。

「厭《いや》な夢を見てしまった――」

その後はなんだか眠れず、まんじりともせず布団のなかで朝まで過ごした。

夜が明けてから仕事に行くと、仲間のふたりがすでに現場へ来ていたので吃驚《びっくり》してしまった。それになぜかふたりとも浮かない表情をしている。

「ずいぶん早《はえ》えじゃねえか。おらほが一番乗りだと思って来たのによ」

Dさんの祖父がそういうと、「いや、実はよ……」と、ふたりのうちの片方がこんなことを話し出した。

やはりその者も昨晩寝ているときに夢を見たのだという。

唐突に桜の切り株が出てきたと思ったら、そのうえになにか白いものが載っている。なんだろうと眼を凝《こ》らすと、それは人間のしゃれこうべだった。

土も付いていなければ苔《こけ》むしてもいない。肉をこそげ落としたのを、たった今、鍋で茹《ゆ》で上げたかのような白さだった。

すると、その落ち窪んだ眼窩《がんか》から、にょろにょろと細い紐のようなものが出てくる。が、それは紐ではなく小さな黒い蛇だった。

長い舌先をちろちろと出したり引っ込めたりしながら、頭蓋骨のうえを這っている。しばらくして、出てきたのとは逆の眼窩に潜っていく——と、そのとたん、しゃれこうべが、かたかたかたかたかた、とまるで生きているかのように前後左右に烈《はげ》しく動き出したので、愕《おどろ》いて飛び起きたそうだ。

夢だったことに安堵《あんど》したが、それから一睡もできなくなり、いつもより早く現場に来てしまったというのだった。

またもうひとりの者は、夢ではなく、昨晩妙な体験をしたという。

風呂から上がって一杯やっていると、次に妻が入浴したが、しばらく経った頃、叫びな

がら半裸の状態で出てきて、

「あなたッ、い、いま、女のひとが、お風呂場の土間にいたんですよ。今日はいつもよりお湯加減を熱くしたのに、なんだか寒くって仕方がありませんから、どこかから風でも入るのかと思ってね、ふと振り向いてみたんです、そうしたら——」

女が立っていた。

後ろを向いているが、気持ち斜めに立っているため、青白い横顔が見える。若そうにも年増にも思えた。当世風でない和服を着て、そのうえに黒い羽織を纏《まと》っている。

こんな女は知らない。いったい誰なの——。

そう思った瞬間、一気に恐ろしくなり、いてもたってもいられず風呂場から飛び出したというのだった。

そんな莫迦《ばか》なことが、と半信半疑だったが、妻に促《うなが》されて風呂場に向かってみると、果たしていう通り、女が風呂場に立っていた。だが、妻のいう土間ではなく、湯の張った風呂釜のなかにいたので、愕きのあまりその場に尻もちをついてしまった。

「だ、だれだッ」

絞り出すようにそういうと、女は湯のなかにゆっくりと沈むようにして消えた。慌てて立ち上がり、湯の面《おもて》をうえから覗いてみたが女の姿はどこにもない。手を突っ込んでみても、やはりひとなどいなかった。

　妻とふたりで見たとあって、とても幻とは思えない。なにかが風呂場にいたのはたしかだった。

　そのとき昼間の出来事をふと思い出し、今の女は根に絡まっていた髪の毛となにか関係があるのではないかと感じ、一刻も早く仲間たちに伝えようと思って、まだ暗いうちから出てきたというのだった。

　奇妙な夢や女の出現はそれきりなく、その後の復興作業は無事に終えたが、一緒に仕事をした仲間のふたりともが、それから二年もしないうちに病気や事故で相次いで亡くなってしまった。次は自分の番ではないかと、Dさんの祖父はことあるごとにそういって怯えていたが、大病もせずに九十二歳の大往生だったそうである。

影の女（北佐久郡）

北《きた》佐《さ》久《く》郡《ぐん》軽《かる》井《い》沢《ざわ》町《まち》といえば全国的に避暑地として有名だが、日本テニスの聖地としてもよく知られている。

なかでも旧軽井沢にある軽井沢会テニスコートは、平成天皇が皇太子の頃に美智子さまと出会った場所であり、それによって戦後のテニスブームが沸き起こったといわれている。

現在も街中のいたるところにテニスコートがあり、県内外の高校や大学のテニス部の合宿地になっているようだ。

十三年前の夏のこと。

当時、埼玉県の私立高校に通っていたR子さんは、所属していた硬式テニス部の夏合宿のために軽井沢へ行ったという。

関東は猛暑だったが、長野県に入ったとたん、気温がぐっと下がった気がした。軽井沢に到着すると更に涼しく、ここが同じ日本なのかと思うほど気温の差に愕いたそうだ。

合宿所に荷物を置くと、早速ミーティングが開かれた。

午後の練習が終わった後は二時間ほどの自由時間になるが、あまり遠くへは行かないようにとのことだった。また練習場は夜間もできるように照明設備が備わっているが、他の団体の予約が入っていることもあるので、くれぐれもやらないようにと強くいわれた。暗いなかでするテニスも面白そうだと思っていたので、R子さんたちは少しがっかりした。

合宿期間も半分ほどが過ぎた頃だった。夕食の後、仲の良い部員のひとりがR子さんのところに来て、一緒にテニスコートに行ってみないかという。

夜は駄目だといわれたでしょう、と答えると、

「平気だって。テニスをやるわけじゃないから。K大学のOさんって知っているでしょう？　そうそう、あのカッコいいひと。今ちょうど軽井沢に合宿で来ているみたいなんだけど、私たちと同じコートで夜間に練習しているんだって。ね、だからちょっと行ってみない？」

そういわれて、興味はさほどなかったが、仕方なくついていくことになった。

行ってみると、話の通りK大学のOという人気選手がウォーミングアップをしていた。

ところが、なんだか様子がおかしい。

一緒に来ている友人も目当ての選手を見られたことに喜んでいたが、すぐにR子さんと同じ違和感をおぼえたようだった。

黒い影のような女が、Oの背なかにぴたりと張り付いているのである。

それは人間の厚みといったものがなく、まるで模造紙を切って拵《こしら》えた人形のようだった。

しかし、Oの動きとともに女も密着しながらしなやかに動いている。単なる紙切れではないようだった。

普通の成人女性の大きさはあるが、背なかの女のことなどOは一切気にしていない様子なので、それがまた不思議でならなかった。

そのうち見覚えのあるK大学の選手が二、三人やってきて、Oを含めた軽めの練習試合が始まった。

Oが空中にボールを上げて、サーブを打ったときだった。

それまでOの背なかに張り付いていた女が急にその躯から離れ、地上に降り立った。

と思ったら、すーっと、氷上を滑るかのように二面あるテニスコートを横切る。そして金網の向こう側の闇のなかに融《と》け込むようにして消えてしまったので、R子さんと友人はふたりで叫びながらその場から逃げ出した。

合宿所に戻ってからも、あれはいったいなんだったのかと、ふたりで夜を徹して話し合ったが、幽霊のようなものだとしか考えられなかった。

合宿が終わって帰宅した後、本やインターネットで調べてみると、軽井沢のテニスコートには幽霊が出るという噂があることを知った。

それも特定のテニスコートではなく、彼方此方《あちこち》の場所でそういった話が出ているようだった。

しかし、自分たちが見た薄っぺらな黒い影の女のことはどこにも書かれていなかった。

その後、Oは急な成績不振に陥《おちい》り、次第に名前を聞くこともなくなったという。

黒い群衆（東筑摩郡及び上伊那郡）

県の中西部に位置する東筑摩《ひがしちくま》郡《ぐん》朝日《あさひ》村《むら》に住むK子さんの話。

K子さんは昭和五十五年（一九八〇年）に結婚して、この村で生まれ育った夫の家に入ることになったが、その頃の出来事だという。

村役場に用事があり、その帰り道のことだった。

村の大通りをひとりで歩いていると、突然、眼の前に和服を着た子どもたちが三人ほど駆けていく。おや、なんだろうと思ったら、知らぬ間に道路の端にたくさんの男のひとたちが立っている。

優に五十人はいそうだった。しかも全員が黒い和装で、同じようにカンカン帽（頭頂部が平らになった麦わら帽子）を頭に載せている。旗のようなものや提灯《ちょうちん》を手に持っているひともいた。

すると、どこから現れたのか、輿《みこし》を担いだ小柄な男たちが近づいてきて、黒い和装の男たちの前をゆっくりと通り過ぎていく。

なにか祭りのようなものでもやっているのかしら、とK子さんは思ったが、そのわりには皆押し黙っているし、酒も入っていないのか、恐ろしく陰気な雰囲気だった。

自宅に帰るためにK子さんはその通りから外れたが、どうにも妙でならないので、晩飯のときに昼間の出来事を家族に話してみると、同居していた夫の祖母が、

「それは昔のお葬式じゃないかね。明治や大正の頃までは、みんなそうやって送ったもんだよ。男衆が大勢で道っぱたに出てさ。もう何十年も見てないがね」

と、そういったので、いわれてみれば、あのとき並んでいた男たちの顔つきや佇《たたず》まいは、戦後に生まれ育った者とは少し異なっていたことを思い出した。

それに大人はともかく、子どもたちまでも、ひどくくたびれた絣《かすり》の着物を着ていたのだ。いくら田舎とはいえ、今どきそんな格好をした子どもなどいないだろうとK子さんは思った。

「あれから四十年ほど村に住んでいますけど、不思議な行列を見たのも、その一回きり。あのとき、お婆ちゃんがいっていたように、私がなにかの理由で昔のお葬式を見てしまったんじゃないかと思ったんです」

そうK子さんは語る。

また県の南部、伊那谷《いなだに》のほぼ中央に位置する上伊那郡中川村《かみいなぐんなかがわむら》に住むS江さんはこのような体験をしたそうだ。

平成十五年（二〇〇三年）頃のこと。

農作業を終え、軽トラックを走らせていると、知人の休耕田に物凄い数のひとが集まっている。

男は皆、揃えたように黒い和服を着ている。女も同じように黒い和服もいれば、白や柄の半纏《はんてん》を着て、背中に赤ん坊をおんぶしている者もいる。

その数は三百人とも五百人とも思われたので、いったいこんなところでなんの集まりをしているのかと、路肩に車を停めて降りてみた。

近づいていくと、群衆の中心には黒と白の巨大な鯨幕《くじらまく》が張られた祭壇のようなものが設置されており、そのそばに法衣を着た、頭の後ろに垂れのある帽子を被った僧侶が三人ほどいるようだった。

「おくにのために――」

「――はりっぱにしんだ」

「ごうどうそう」

そんな言葉がどこからともなく聞こえてくるが、誰が喋っているのか、まったくわからない。がやがやとしたざわめきは感じるものの、近くに口を開いている者は誰ひとりいなかった。

ほどなく僧侶の読経が聞こえてきたので、これはもしかしたらと思って、近くにいた痩せた中年の女性に、

「こんなところで葬儀ですか？」

そう尋ねてみると、

「あれはひこうきのりだったで、しかたねえ」

S江さんのほうを向きながら女性は答えたが、どうしたわけか、口の動きと聞こえてくる言葉が一秒半ほどずれている。

——と、そのときだった。

眼の前をひらひらと桜の花びらのようなものが舞い落ちていく。

近くに桜の木はあるが、冬の迫ったこの時期にいくらなんでも季節外れだろうと、屈んで拾い上げてみたところ、それはたしかに桜の花びらだった。しかし、掌に載せたそれを見ているうちに薄氷が融けるように跡形もなくなってしまった。

なによこれ、と顔を上げてみたら、今しがたまでいたあれだけの群衆が、そのほんの僅かな瞬間にひとり残らずかき消えていたそうである。

映画館の怪（長野市及び松本市）

中野市に住む公務員のYさんの話。

二十年ほど前、Yさんは長野市内の県立高校に通っていたが、二年生のときに一学年下の女子生徒から告白を受け、交際することになった。

最初のデートは映画館へ行くことになり、当時封切りで話題になっていた恋愛物の洋画を観ることにした。

映画館は戦前に築造された建物のため昼間でも暗くじめじめとしていて、便所から漂《ただよ》ってくるナフタレンのにおいが強烈で鼻を摘《つま》むほどだった。

デートに向く場所とは思えないが、当時多くあった映画館はどこも似たり寄ったりとあって、そういうものだと思っていたという。

映画が始まって、三十分ほど経った頃。

ふとスクリーンから視線を落とすと、隣席との間の肘掛のうえに彼女の華奢《きゃしゃ》な手が載っていた。可愛らしい、白い小さな手だった。

少し躊躇《ためら》いながらも、Yさんは思いきってその手を握った。

だが――。

冷たい。冷たすぎる。

たしかに雪がちらつくほど寒い日ではあったが、館内は汗ばむほど暖房が効いているのだから、こんなに手が冷えたままというのは考えられなかった。

すると、そのとき。

彼女が両手を添えながら売店で買った缶ジュースを一口飲んだ。

となると、この手はいったい――。

慌てて手を離そうとすると、氷のように冷たいそれは、逆にYさんの掌を強く握ってくる。

思わず立ち上がって、振り払うように何度も手首を強く振ると、いつしか白い手は消えていたが、隣の彼女はそんなYさんのことを不思議そうに見つめていた。

それからも一時間ほど座り続けなければならなかったが、話の筋が少しも頭に入ってこないので、観終わった後になにも感想をいうことができずに困ってしまったという。

時代の趨勢《すうせい》だろうか、高校を卒業してしばらく経った頃に、この映画館は閉館してしまったそうだ。

また松本市においては、松本城の東側、江戸時代に武家屋敷が並んでいた通りに映画館

Pが建っていたが、その場所にはかつて獄舎があったとして知られている。

薄汚れた半裸の男がロビーの壁に向かって立ち、そのまま吸い込まれるようにして消えてしまったという報告例も挙がっているが、この映画館も九〇年代の後半に閉館しており、今となっては調べることができなくなってしまった。

郊外の病院（松本市）

私自身が経験した出来事である。

六年ほど前のこと。

当時三歳だった私の息子が夜になって嘔吐を繰り返すので、心配になり、新聞でその日の夜間緊急医を調べると、松本市郊外に位置する聞いたことのない病院だった。

電話を掛けて症状を伝えると、すぐに来てくれという。

病院に向けて車を走らせたが、こんなところに本当にあるのかと不安になるほどの丘陵地の中腹で、しかし到着してみると思っていた以上に大きな総合病院だった。

建設されてから数十年は経っているようで、そこかしこに古さは感じられたが、医療施設だけあって、さすがに清掃は行き届いていた。

救急の待合ロビーは半ば電灯が落とされ、薄暗いなか、席に座っているのは私たち親子だけだった。

名前を呼ばれて診察を受けると、胃腸炎であると中年の男性医師が告げた。

全国的に幼児の間で流行っているのだという。食べても飲んでも吐いてしまうため、点滴に頼るほかなく、一週間ほどの入院が必要とのことだった。

寝耳に水だったので我々夫婦は慌てたが、病院のほうはすぐに入院の準備を整えてくれ、その日の夜から入院病棟の相部屋に入ることになった。

三歳児なので夜泣きなどするかもしれない、ついては親御さんのどちらかで結構なので付き添ってもらったほうがいい、とのことで、夫婦で交代しながら泊まることになった。

といってもベッドは子どもの寝る一台しかないため、その横でパイプ椅子を三つほどくっつけてなんとか横になるしかなかった。

昼間は妻、夜は私がそばにいるようにしたが、そのためか子どもはぐずったり夜泣きしたりすることもなく、容態も日に日に良くなってきているようだった。

六日ほど経ち、明日にはそろそろ退院かという晩のことだった。

深夜の十二時を廻り、私も連日の疲れから息子の小さな手を握りながら、うとうとしかけていた。——と、そのときだった。

「パパだよね、そこにパパいるんでしょう?」

そんな声が聞こえてくる。寝言だろうかと思ったが、息子は眼を閉じてすやすやと眠っている。

するとまた、

「パパだよね？　ねえパパいるんでしょう？」

はっきりとそう聞こえ、すぐに眼の前の息子を見るが、まんじりともせず静かに眠っていた。

そもそも息子の声ではないのだ。それに声はカーテンで仕切られた右隣のベッドから聞こえてきたのである。

音を立てないようにしていたつもりだったが、僅かな物音やひとのいる気配で寝ているところを起こしてしまったのかもしれない。悪いことをしてしまったなと、指で小さく仕切りのカーテンを開けて、

「ごめんね、違うよ。パパじゃないんだ――」

と、そこまでいったとき、私は何度も何度も瞼をこすっていた。

隣のベッドは空いていて、誰も眠ってなどいなかったからだ。

四人部屋なので違うベッドの子どもだろうかと、立ち上がってカーテンを開けて出てみたが、仕切りで閉じられているのは息子のところだけで、三台のベッドは空いている状態だった。

翌朝、検温に来たベテランの女性看護師に昨晩の出来事を話してみると、

「な、なにをいってるんですかッ」

体温だけ測ると、足早に部屋から出ていってしまった。

親の付き添いは子どもの夜泣きのためといわれていたが、もしかしたら昨晩のようなことが頻繁に起きているのかもしれない、と私は感じた。

現在、その建物は麓《ふもと》の大病院に統合され、廃病院になっている。

やってきた従兄弟（大町市）

大町《おおまち》市に住む七十代の男性Eさんの話である。

昭和四十二年（一九六七年）の夏のこと。

当時、Eさんは高校二年生だったが、その日は正午近くまで寝ていたところ、母親に叩き起こされて昼飯を食べた。

その後、縁側で西瓜《すいか》を食べていると、近くに座っていた祖母が、突然、奇妙な発声である男性名を呟《つぶや》いた。

その名前といえば、Eさんと同い年の従兄弟《いとこ》しか思い当たらないので、

「祖母《ばあ》ちゃん、それ松本の従兄弟の名前だろう。それがどうかしたのかい」

そう尋ねると、眼を見開いたまま何度も同じ名前を連呼している。

祖母は痴呆気味だったので、また妙なことをいっているな、とEさんは思った。

腹が満たされたので自分の部屋に戻り、再び布団のうえに横になって、読みかけの本を手に取った。一時間ほど経った頃、読み疲れたEさんは本を閉じて背伸びをした。

と、そのとき、自分の勉強机の椅子にひとが座っているので、思わず、わッ、と叫んだ。

後ろを向いているが、それは先ほど祖母が名前を呟いていた従兄弟、そのひとだった。盆暮れ正月には必ず、それ以外のときにも従兄弟はよくEさんの家に遊びに来ていた。同い年ということで小さい頃から仲が良く、本当の兄弟のように育ったが、今日来ていることなど知らされていなかったので、ひどく愕いたのだった。

祖母が従兄弟の名前を呟いていた理由がわかり、そういうことだったのかと合点しながら、

「吃驚したぜ。来てるなら来てるっていってくれよ。しかし、君はいつからそこにいたのさ」

そう尋ねると、従兄弟はゆっくりとEさんのほうに振り向いた。

いつもそうするように柔和な笑顔だった。だが、Eさんの質問には答えようとしない。写真のように微笑《ほほえ》んだ表情のまま微動だにしなかった。

なんだか妙だ――。

そう感じた瞬間、ぱちん、という乾いた音ともに、眼の前に座っている従兄弟の姿がかき消えてしまった。愕きのあまり、Eさんは転がるように部屋を飛び出した。

台所にいた母に今起きた出来事を伝えると、

「あなた寝ぼけているのよ。どうせまた布団でごろごろしていたんでしょう」

笑いながらそういわれた。

眠ってなどいない。たしかに起きていたのだ。

幻覚だったというのか。しかし幻覚というのは、あんなにはっきりとしているものだろうか――。

腑に落ちない気持ちでいたが、なんだか自分の部屋に戻るのが厭で、気晴らしに外出することにした。

高瀬川《たかせがわ》の河川敷を二時間ほどふらついた後、自宅に帰ってみると、母が大変なのよと騒いでいる。

いったいどうしたのかと思ったら、松本市の親戚から電話があり、従兄弟が亡くなったというのだった。

従兄弟は松本市内の伝統校F高校に通っていたが、学校の集団登山で北アルプスの西穂高岳に登っていたという。

参加者五十五名のうち四十六名が登頂したが、にわかに天候が悪化し、大粒の雹《ひょう》が降ってきたので、引率する教員の指導の元、速やかに下山することになった。

独標《どっぴょう》付近の鎖場《くさりば》を移動中、凄まじい雷鳴とともに雷が落ち、その雷撃によって従兄弟は即死したというのだった。

八名が死亡、三名が行方不明、重軽傷者十二名という登山史上でも稀《まれ》にみる落雷遭難事故が起きたのである。

行方不明者は落雷の衝撃によって飛ばされたが、捜索の末、尾根から三百メートル下のガレ場（岩屑が積み重なった場所）で遺体となって発見された。そのうち一名は雷撃死で、二名は転落死だったそうだ。

F高校の正面玄関前には慰霊碑があり、事故から五十年以上経った現在でも、遺族をはじめ、教職員や生徒を集めて、毎年事故の起きた八月一日に追悼式が行われているという。

ブランコ作業（上田市）

Hさんの話。

Hさんはビルメンテナンス業に従事しているが、主にビルやホテルなどの高層建築の窓ガラス清掃を請け負っているという。

三年前のことだった。

上田市内のビジネスホテルから依頼があり、準備をして数名で向かった。

ロープでうえから降りながらガラスを清掃していく「ブランコ」で作業をする必要があった。

安全に留意して、いつもの手順で始めていく。

シャンプーの付いたモップでガラスを濡らし、スクイジーと呼ばれるワイパーで隙間《すきま》ができないように素早く水を切っていく。窓数が多いため、一枚一枚にそれほど時間を掛けてはいられない。

滞《とどこお》りなく作業を進めていた、そのときだった。

ある部屋の窓に取り掛かったところ、カーテンが半分ほど開いている。

それ自体は別に珍しいことではない。客へは事前に窓清掃が入る連絡はしてもらっているのだから、カーテンが開いているということは、すでにチェックアウトしているか外出中のどちらかの可能性が高かった。

気にせずシャンプーで窓を濡らすと、そのとたん、ガラスの向こう側から、なんともいえない不穏な空気を感じたので、思わずその手を止めた。

訝《いぶか》しみながらスクイジーで汚れた水を切った瞬間、危うく器具を取り落としそうになった。

シングルルームのユニットバスへとつながるドア。

四、五十代に見える男が、少し開けたドアの上部に紐状のものを引っ掛けて、もたれるように首を縊《くく》っていた。

普通はひとがいようがいまいが、客室のなかをまじまじと眺めることなどないが、ことがことだけにたしかめてみようと顔を近づけると、やはり間違いない。

その表情からすでに絶命しているものと思われた。

すぐに作業を中断して同僚たちにそのことを伝えると、一同から愕きの声が漏れた。

フロントへ行き、今見たものと階数、場所を女性の従業員に伝えると、えっ、といって肩を震わせた。

パソコンの画面に向かってなにやら調べていたが、その部屋の左右はチェックアウトしているものの、そこだけ客が滞在中になっているという。

すぐに警察を呼ぶのかと思ったが、協議の末、内線を掛けてみて出なければ、支配人が合鍵を使って部屋に入ることになった。

その部屋以外は問題がないので、引き続きHさんたちは作業に取り掛かったが、先ほどの件でどうにも仕事に集中できなかった。

それでもひと通り清掃を終えて地上に降りてくると、下に支配人が待っている。

「警察は？」

そう尋ねると、支配人は苦笑いを浮かべて、

「首を吊った男なんて本当に見たんですか？　お客様は部屋にいましたが、寝てらっしゃったようですよ。熟睡していたそうで、内線のコール音にも気づかなかったみたいで――」

就寝中に部屋を勝手に開けて起こしてしまったので、平謝りしたというのだった。

しかも宿泊しているのは、中年の男性ではなく若い女性客だという。

「そんなことが一度だけありましたが、何度思い返してみても、絶対に見間違いなんかじゃありません」

以降もそのホテルとの仕事は続いているが、あの日のことには一切触れてこないのもなんだか不気味だという。

「あの支配人はなにか知っている――思い当たるようなことがあるんじゃないですかね」

そうHさんは語る。

また目撃してしまったら堪らないので、例の部屋には当たらないようにしているそうである。

ジェットコースター（茅野市）

塩尻《しおじり》市に住むBさんの話である。

Bさんは五年前のゴールデンウィークの時期に、茅野《ちの》市の白樺《しらかば》湖畔《こはん》にある遊園地に息子ふたりを連れて出掛けたという。

その頃、妻は三人目の子どもを妊娠していたため、ゆっくりと自宅で過ごすほうがいいだろうと、騒がしい息子たちを外に連れ出したのである。

息子たちは小学校の五年生と三年生だったので、ふたりで好きに遊ばせることにし、自分はフードコートの椅子に座って本を読んで待つことにした。

危なそうなアトラクションをやりたいときは一緒に乗るから、と伝えておいたが、危険といっても、ここにはさほど大掛かりなものはないし、小学生以上であれば保護者の同伴が必要な乗り物はなかったはずだった。

しばらく読書に耽《ふけ》っていると、息子たちが呼びにきて、ジェットコースターをやりたいから一緒に乗ってくれという。

必ずしも同伴は必要でなかったが、約束していたことなので、息子たちとその場所に向かってみると、四、五人ほどしか乗ることのできない旧式の躯体《くたい》のコースターだった。レールもだいぶ錆びついているが、このご時勢に検査を怠っていることはないだろうと、三人でビークルに乗り込んだ。

ゆっくりと動き出す。

これまで自分が乗ったことがあるものと比べると、スピードがないのでさほど怖いとは感じなかったが、それでもふたりの息子たちには相当にスリリングだったようで、大きな声を上げながら乗っている。

最後尾に座っていたBさんは、後で妻にメールでも送ろうと、スマートフォンを取り出して、ジェットコースターに乗る自分を何枚か自撮りした。

乗り終えた後、再びフードコートで珈琲を飲みながら妻に写真を送信したところ、

「あなたの後ろにいる子は誰なの？　うちの子たちじゃないわよね？」

と、そんな返信が来たので、慌てて写真を見た。

自分は一番後ろに乗っていたのだから、そこに誰かがいるわけがない。

だが——たしかにいる。

妻のいう通り、自分の肩越しに小さな男の子の顔がはっきりと見えている。

それは明らかに息子たちではない。もっと幼い子どもだった。

仮に息子の顔だとしても、ふたりは自分の前の席に座っていたのだから、自撮りした背後に写り込むわけがなかった。

「これ、もしかしたら幽霊なんじゃないかなって、そう思ったら急に怖くなっちゃったんですよ。それで、あそこのジェットコースターで今まで死亡事故がなかったか、自分なりに調べてみたんです」

インターネットで調べたり友人などに訊いてみたりしたが、遊園地全体を含めても、過去にそういった事故のようなものは一度も起きていないようだった。

不思議でならなかったが、日が経つうちにそのことはあまり意識にのぼらなくなっていた。

ところが、会社の忘年会のときのこと。

部下のひとりが娘たちを連れて例の遊園地へ行った話をしたので、ふとあの日のことを思い出した。

スマートフォンを取り出してフォトフォルダーを見ると、ジェットコースターで自撮りした写真がまだ残っていた。

会話が途切れたとき、Bさんはあのときの話をしてみた。そして自撮り写真を周囲の者たちに見せてみると、皆、一様に声を上げながら怖がっていた。

すると、少し離れた席から、

「ちょっとその写真、見せてくれませんか」

普段あまり話すことのない同僚がそういった。Bさんの横に移動してきて、スマートフォンの画面を横から覗き込みながら、

「この子はたぶん、ここのジェットコースターに乗って楽しかった記憶が強いまま、なにか他の理由——例えば病気や交通事故で亡くなってしまったような気がしますね。ちょうどいい言葉が思いつきませんけど、この乗り物によほど執着があるというか、そんなふうに感じます」

繁々《しげしげ》と眺めながらそういったという。

怪奇な民話（信州各地）

下伊那郡遠山村《とおやまむら》（現在の飯田市南端部）では、川で死んだひとは川死霊《かわしりょう》になるといわれ、川に行く人間を襲って取り殺すのだという。

毎年、河川での水難事故が一度あると、その後、立て続けに起きるので、そういった言い伝えが語り継がれてきたとおぼしい。

また川死霊はひとり殺すと神様の弟子になれるとされ、川でひとが死ぬと「川死霊にとられた」というそうである。

旧八坂村《やさかむら》の北ノ沢《きたのざわ》地区（現在は大町市に編入）にある水田の隅から黒っぽい悪臭を放つ水が湧き出してきて稲が育たなかった。

昔、この場所で酒に酔ったふたりの男が、口論の末に殴り合いの喧嘩になり、片方が撲《ぼく》殺《さつ》されてしまった。

殺した男はこの水田の端《はし》に死体を隠して行方をくらましたが、それからというもの、死《し》骸《がい》の腐敗した水が流れ出し、その祟りで稲が育たないといわれるようになった。

またこの水田の畔《あぜ》に石臼《いしうす》があり、ある村人が持ち帰って使ってみたところ、家族が急に病気になるなどいいことがないので、すぐに元の場所に戻したという。

信濃の国にひとりの剛健の武士がいた。

あるとき家来を集めて、以下のような話をした。

「浅間神社に化け物が出ると聞いた。ここにおりながらなにもしないのも口惜しいので、今夜、拙者が浅間に行って化け物とやらの様子を見ようと思う。もしも後をついてくる者があれば、切腹を申し渡す」

そういうと、正宗《まさむね》の刀に吉光《よしみつ》の脇差を腰に差し添え、鎧通《よろいどお》しを懐に入れると鉄の棒を杖にしながら、八月中旬の夜、ひとりで浅間神社に向かった。

社に着くと拝殿に腰を掛けて、どんなものでもひと打ちにしてやろうと意気込んで待っていた。

するとそこに、十七、八歳ほどの白い帷子《かたびら》を着た見目麗しい女が現れたが、胸に幼児を抱いている。男が眉根を寄せて見ていると、

「なんて嬉しいことかしら。今夜はこの神社でひと晩過ごすのに、よい話し相手がいるようだわ。あまりに疲れてしまったから、あなたはあの男の方に抱かれるといい」

そういって幼児を下ろしたかと思うと、するすると躯を這い上がってくる。男は手にしていた棒で打つと、幼児は女の元に戻っていったが、

「抱かれなさい、抱かれなさいッ」

そういって何度も追い返した。

それを数回繰り返しているうちに、持っていた鉄の棒も曲がってしまったので、男は腰の刀を抜くと、幼児を真っ二つに斬り倒した。

すると、斬った片割れに眼や鼻ができて、今度はふたりになって這い上ってくる。それもまた斬り倒すと、再び手や足や胴に眼鼻が付いて子どもの形になる。

そんなことをしているうちに、その数は二百、三百にもなり、拝殿のなかに満ちて一斉に男に襲いかかってきた。

するとそのとき、背後から「今度はわたしが参ろう」と女の声がした。

もし来たならば、ひと思いに斬り倒そうと思ったが、突然大きな音がしたので振り返ってみると、巨大な鬼の姿となって男に飛びかかってきた。

とっさに身を翻《ひるがえ》すと、続けざまに三刀刺し、引き寄せてとどめを刺したが、男はその

まま意識が遠くなってしまった。

そこに心配した家来たちが駆けつけてきたが、化け物は消え失せていたものの、男は脇差を逆手に持って、塔の九輪《くりん》を突き通していたという。

信濃から都に上っていたある旅人が木曽路《きそじ》で道に迷い、あちらこちら彷徨《さまよ》った末、山の奥深くに一軒の民家を見つけたので、喜び勇《いさ》んで戸を叩いた。

五十歳ほどの女が顔を出したので、旅人は事情を話し、ひと晩泊めさせてはもらえないかと申し出たところ、それはさぞお困りでしたでしょう、と宿を貸してくれることになった。

家に入ると、家族は不在なのか、なかには女ひとりしかいない。囲炉裏《いろり》の鍋がぐつぐつといい匂いで煮え立っている。旅人はあまりに腹がへっていたものだから、

「山深く道に迷ってしまい、そのうえ民家もないので、とても困っていたのです。それでどうにも腹がへっておるのですが、どんなに侘《わび》しいものでも構いませんから、なにか食べ物はありませんか」

そう尋ねると、女はそれを聞きながら、

「この鍋ですか。これは魔縁の食べ物です。私の夫は遠くに行っておりますが、じきに帰ってきます。それでこうやって拵えているのですよ。これは人間の食べるようなものではありません」

そういった女の顔を見ると、先ほどとはうって変わり、眼が大きく光って、口は耳元まで裂け、凄まじい表情でニタニタと嗤《わら》っている。

――鬼女だった。

鍋に視線を向けると、なかに入っているものはすべて人間の首や手足である。それを見るなり、旅人は一目散に外へ飛び出し、全速力で逃げた。

鬼女も続けて家から出てきたが、「おのれ、どこへ行くッ」と叫びながらどこまでも追いかけてくる。

旅人はある辻堂へ走り込み、そのなかに入ると御仏の後ろに隠れて、「助けてください、助けてください」と声を押し殺して祈った。

女はすぐ近くまでやってきたが、旅人を見つけることができないので、「取り逃がしてしまった、この口惜しさよ」と恐ろしい声を上げて罵ったが、やがて風の吹くように消えていった。

旅人はからくも命が助かり、這《ほ》う這《ほ》うの体《てい》で都へ向かったという。

塩田平《しおただいら》と呼ばれる上田市の手塚《てづか》地区に舌喰池《したくいいけ》という物騒《ぶっそう》な名称のため池があるが、この名前の由来は、ある人柱伝説によるものだという。

昔、この池が造られた頃、土手から水が漏れてしまい、どうやっても止めることができなかった。そこで池の改修のため、土手に人柱《ひとばしら》を立てることになった。人柱とは、生きたひとを土中に埋めて祈ることである。

誰がやるかと皆で頭を悩ました結果、平等にということで、くじ引きで決めることになった。すると、村外れにひとりで住んでいる美しい娘が人柱に選ばれてしまった。

娘は毎日悲しみに明け暮れて、人柱に立つ前の晩に自分の不運を嘆き、舌を噛み切って池に身を投げて死んでしまった。

それ以降、ため池は舌喰池と呼ばれるようになったそうだ。自ら死を決したことは娘のささやかな抵抗だったのかもしれない。

いわゆる「子育て幽霊」「飴買い幽霊」の怪談は全国各地に類話があるが、下伊那郡にも似た話が伝わっている。

市田村大島山《いちだむらおおしまやま》（現在の下伊那郡高森町《たかもりまち》）の花立という集落に住んでいた若い妊婦が、ちょっとした病気が元で亡くなってしまった。

親族の者たちは嘆き悲しみ、懇《ねんご》ろに瑠璃《るり》寺の墓地に葬ったそうだ。

寺の近くに一軒の餅屋があったが、そこの店主が店に立っていると、夜になると若い女がやってきて餅を買って帰っていく。

それが毎晩同じ時刻に来て必ず六道銭《ろくどうせん》を置いていくので、店主は少し怪しく思った。

そこである晩、女の後をついていったところ、とぼとぼと寺のなかに入っていくかと思うと、墓地のほうに向かって歩いていく。

すると、出来たばかりとおぼしき土饅頭《どまんじゅう》の辺りで、すうっ、とその姿が消えてしまった。

思わぬことに店主は吃驚して店に逃げ帰った。

その翌朝、店主が他の者たちを連れて墓地へ行ってみると、土のなかから赤子の泣き声が聞こえてくる。

不思議に思って掘り返すと、土に突き刺した節ぬきの竹が深く穴のなかに通じており、棺を開けてみたところ、死んだ母親の膝に抱かれるようにして、生まれたばかりと見える赤子が大きな声を上げて泣いていた。

「これはいったい、なんということだ」

「母親の執念というものは恐ろしいものだ」

餅屋の店主は優しく赤子を抱き上げると、瑠璃寺の住職に事情を説明し、育ててもらえるようにお願いしたそうである。


下伊那郡松川町《まつかわまち》の南、天竜川《てんりゅうがわ》が流れる段丘崖のうえに大島城跡がある。

この城は武田信玄《たけだしんげん》の命により造られたものだが、元々は平安時代末期に在地領主であった大島氏が地の利を活かして築いた砦が始まりといわれている。

東西三六〇メートル、南北二二五メートルの範囲に、甲州《こうしゅう》流築城術ともいえる複雑な空堀《からぼり》や土塁《どるい》、馬出し、三日月堀、枡形虎口《ますがたこぐち》、さらに本丸と二の丸、三の丸などの曲輪《くるわ》が築かれているが、築城の際、近隣二十か村から人足が集められ、大工事が行われたそうだ。

この城には悲しい言い伝えがあるという。

天正十年（一五八二年）二月十六日のこと、織田信長《おだのぶなが》の子である織田信忠《のぶただ》に攻められ落城したが、その際、最期を悟った城主の娘が、可愛がっていた金の鶏《にわとり》を抱いて、本丸の断崖下にある井戸に身を投げた。

それ以来、雨の降る夜には井戸のなかから女のすすり泣く声が聞こえるといわれ、また元旦の早朝には、やはり井戸の底から鶏の啼く声を耳にする者がいるという。

もっとも『信長公記《しんちょうこうき》』などによると、信忠が信濃に入った際、城を守っていた武田信玄の弟である逍遥軒信廉《しょうようけんのぶかど》や日向大和守《ひなたやまとのかみ》らは勝ち目なしと判断し、戦うことをせずに自ら城に火をつけて敵前逃亡したとされている。

昔、下伊那郡下條村《しもじょうむら》のある百姓の家にひとりの旅人が宿を借りた。ところが、夜中になって旅人が強盗になり変わったので、愕いた百姓は強盗を打ち倒したうえ、その勢いで殺してしまった。

正当防衛といってよかったが、その後、夜になると、ぎしぎし、ぎしぎし、と家鳴《やな》りがした。毎晩のように鳴るので、これは殺した男の祟りではないかと恐れた百姓は、村のなかほどにある小高い丘に霊を祀《まつ》ったところ、怪異は収まったという。

幕末の頃のことだ。

須坂村《すざかむら》（現在の須坂市）の外れに大きな塚があり、そのうえに欅《けやき》の老木が生えていた。昔は巨木といっていいほどの大きさだったが、幹が枯れたので伐り倒され、切り株が僅かに残る程度になっていた。が、その根は深く地中に伸びており、あたかも塚を守っているかのようだった。

そんなあるとき、誰かがいい出して、塚を発掘することになった。

村じゅうから屈強な者たちがやってきて、切り株を掘り出すことから始めたが、根は強く、なかなか作業は捗らない。

時間を掛けてようやく掘り出したときには陽はすでに傾き始めていた。なかのほうを掘り進めようとした、そのとき。

「う、うわッ」

口々にそんな声が漏れ、愕きのあまり尻もちをついている者もいる。

なにごとかと立ち会っていた普願寺の住職が覗いてみると、そこには見たことのないような奇妙な髑髏《どくろ》が土にまみれて転がっていた。

先の尖った骨が無数に外へ突き出し、額には黒々とした深い穴がひとつ開いているのだった。

恐怖のためか、それを打ち砕こうとした若者を住職は押し留めて、

「これは言い伝えに聞く一つ目の鬼に違いない。持ち帰って寺宝として後の世に伝えよう」

そういって土を払うと、寺に持ち帰って、大切そうに箱へしまったという。

しかし、それは今、どうなっているのか誰も知らないそうである。

昔、北安曇郡白馬村《きたあずみぐんはくばむら》の切久保《きりくぼ》集落のある家に「おかる」という女が嫁いだが、これが大変な働き者で、夫や姑《しゅうとめ》にもよく仕えるため近所で評判になった。

「せめておかるの半分の嫁がほしい」

そんなふうにいう者もいたそうだ。

ところが、味噌汁の味付けという些細なことで姑と仲違《なかたが》いし、それ以降、互いにいがみ合うようになってしまった。

夫に姑の悪口をいっても聞こえていないふりをする。その一方で姑は、うちの嫁は猫を被っているが、実はとんでもない女なのだと周囲に言いふらした。

ふたりの諍《いさか》いはエスカレートする一方で、物を投げ合ったりするほどになってしまった。

そんなある日、また姑と言い争ったおかるは怒りが頂点に達し、村の氏神様にある七道

のひとつである一番恐ろしい顔の般若《はんにゃ》の面を持ち出して、姑を愕かすことを思いついた。

姑が寝るのを待って、面を顔に付けると部屋の障子を大きく破った。

そこから顔を出し、

「お前は嫁をひどくいじめるが、俺がその代わりに折檻《せっかん》に来た」

そういうと、姑は泡を吹いて、その場に気絶してしまった。

それですっかり気分を良くしたおかるは、自分の部屋に戻ってひと休みしようとしたが、どうしたことか、面が顔から離れない。

どんなにやっても剥《は》がすことができず、悪戦苦闘しているうちに面との境の皮膚から血が滴《したた》り落ちた。

――これは氏神《うじがみ》様の祟りかもしれぬ。死んでお詫びをしなければならない。

夜が明けた後、夫や近所の者たちにこんな姿を見せることは死ぬことよりも恥ずかしかった。

楠川《くすがわ》から身を投げてしまおうと瀬戸の橋に向かったが、死んだ後、般若《はんにゃ》面を付けた姿で見つかったらと思うと足が竦《すく》んだ。

するとそのとき、橋の下の切り立った岩に横穴があるのが眼に入った。おかるは岩伝いに降りていくと、その穴に入って身を隠した。

翌朝になって、夫は妻を探すうちに、この岩穴に隠れたことを知った。しばらくの間、念仏を唱えるおかるの声が穴の奥から聞こえてきたが、それもほどなく途絶《とだ》えたという。

近年でも、付近の道路を歩いていた人が、「おかるの穴」に吸い込まれるように消えてしまったという話や、上流で水難事故に遭ったひとが、やはりこの横穴付近で死体となって見つかることがあるとのこと。

また、この「おかるの穴」は、戸隠《とがくし》に通じているという古くからの言い伝えもあるそうだ。

富山と長野をつなぐ黒部《くろべ》峡谷には、まだ人間の踏みこんでいない土地があるといわれている。

昔、この峡谷の黒薙川《くろなぎがわ》に二本の柳の大木が並ぶように生えており、地域の人々は夫婦《めおと》柳《やなぎ》と呼んでいた。

暑さも和らいで秋が近くなったある日、宇奈月《うなづき》の近くの杣《そま》（樵《きこり》）が十六人集められ、この柳のひとつを伐ることになった。それだけの人数がいないと伐れないほどの大木だったからである。

ところが、伐り倒したとたんに十六人全員の気分が急に悪くなり、近くの山小屋へ引き返すことになった。

その夜更けのこと――。

外で妙な音がするので小屋番をしていた男は眼をさました。

すると、いつのまに入ってきたのか、見知らぬ若い女が小屋のなかにいて、なんともいえない物凄い笑みを浮かべているので、思わずぞっとして、その場にへたり込んでしまった。

女は横になった杣たちの一人ひとりに顔を近づけて、あろうことか接吻《せっぷん》しているようだった。

なんというふしだらな女だと吃驚したが、夜目に慣れた眼で女の顔を見た瞬間、あまりの恐怖に声にならない声を漏らしていた。

女の口元が血のようなものでひどく汚れていたからである。

杣たち一人ひとりに自分の顔を近づけると、女は立ち上がって、つうーっと小屋から出ていってしまった。

小屋番はようやくほっとして、部屋の燭光《しょっこう》を灯したが、そのとき視界に入ったものを見て、思わず悲鳴を上げた。

十六人の杣全員の舌が無残に噛み切られて、絶命していたからだった。

女の正体は柳の精だといわれ、伐られたことの祟りで杣たちは殺されてしまったのだと噂されたという。

それ以降、山小屋のあったその付近を十六人谷と呼ぶようになったそうである。


現在の安曇野市堀金《ほりがね》烏川《からすかわ》岩原《いわはら》の古城山の山頂に岩原城跡がある。

これは戦国時代の山城で、当地の豪族だった堀金氏によって築かれたといわれているが、この城には下記のような言い伝えが残っているそうだ。

あるとき、家来のひとりが悪事を働いたため、城主は激怒し、この家来を首だけ出して生き埋めにしてしまった。

そして米俵一俵を眼の前に置き、「勝手に食え」といい、放っておいたという。

家来は壮絶な顔で飢え死にしたが、時を経ずして、城主は大病を患い、家運も次第に傾いてしまった。

それからというもの、その近くを通った者が、なんでもないところから谷に落ちてひどい怪我を負ったり、死んでしまったりすることが頻発したので、飢え死にした家来の祟りではないかと恐れられた。

その後、観音様を安置して懇ろに供養したところ、そうした事故も徐々に少なくなったという。


文政の頃（一八一八～一八三〇年）とのことだが、詳しい場所はわかっていない。

信州のある山里に住む夫婦に五歳の男児がひとりいたが、ある日、夫が外出中に子どもが小刀で指を切り、火がついたように泣いた。

すぐに母は血を止めようと思い、男児の指に口を付けたが、その血を舐めた瞬間、あまりの美味さに我慢ができなくなってしまった。

子どもの指を切り落とし、それを口に入れてしゃぶると、今度は片腕を切り、最終的には我が子の躯をすべて食い尽してしまった。

夫が帰ってきたら大変なことになると思ったのか、妻は家を飛び出すと山の奥深くに隠れてしまったという。

それから五年ほど経ったある日、女は山から下りてきて、村長の家に現れた。

なにか食べるものがないかといい、自分の子どもを食い殺して山に隠れた理由を話して聞かせたが、それを語る女は馬のような顔になっており、肌はすべて毛で覆われていて、まるで獣のようだった。

それを目撃したひとたちは恐怖のあまり逃げ出したが、そのことで女も再び山へと姿を隠してしまった。

「あんな風貌になってしまったのなら、またきっと人間を食い殺すに違いない。このままにしておくことはできない」

人々がそう領主に訴えたので、鉄砲で撃ち取るようにと命令が下された。

それで里のひとたちは総出で山狩りをしたが、女の行方は最後までわからなかったという。

動物園にて（長野市）

長野市篠《しの》ノ井《い》の山麓に位置するT動物園は、レッサーパンダやオランウータン、アムールトラをはじめ、グラントシマウマやアジアゾウなど多くの動物を飼育しており、年間二十万人ほど来園者のある、県内では人気のアトラクションである。

須坂市に住む主婦のY美さんの話。

三年前、Y美さんは四歳になる娘と一緒にT動物園へ行ったという。

隣接する恐竜公園や自然植物園を先に散策し、その後に動物園へ向かった。

娘は色々な檻の前に駆けていって、手を叩いて喜んでいる。自宅では猫も犬も飼っていないので、よほど動物が珍しいのだろうとY美さんは思った。

帰ったら夫に子猫を飼うことを相談してみようか——そんなふうに考えた。

すると、娘がある檻のほうを指差しながら、「ママ、ママ」といって急に泣き出した。

いったいどうしたのかと、娘の指差す先を見ると、それはライオンの檻のようだった。

「どうしたの、ライオンこわい？」

と、そういったとき、檻のなかを見たY美さんは思わぬことに言葉を失った。女のひとが檻のなかに入っている。だが、それはどう見ても飼育員ではなさそうだった。厚ぼったい海老茶色の外套を着た、老齢に差しかかった女性だったからである。しかも屈んだ後ろ姿がどこかで見覚えがあるので、何度も眼を瞬《またた》いた。とたん、それが誰なのかわかったが、あまりに意外な人物なので、そんなはずは——と、心の裡《うち》で必死に否定していた。

自分と折り合いの悪かった義母。

二年前に癌で亡くなった夫の母親だった。

義母はライオンの頭を掌《てのひら》で優しく撫《な》でて、愛おしそうにその首元に抱きついている。

たしかに動物好きなひとではあった。だが、こんなことがありえるだろうか。

娘は変わらず檻のほうを指差しながら泣いている。

自分と同じものが娘には見えているのか。

義母が亡くなったとき、娘はまだ二歳になったばかりだったから、おそらく記憶にはないだろうし、誰なのかもわかっていないはずだ。

檻のなかにひとが入っていることを娘は怖いと感じているのだろうか。

それとも義母の姿が恐ろしいのか——。

ライオンは眠たげにあくびをしたが、まるで義母の頭を噛み砕くかのように口を開けたので、思わず娘の手を取って自分のところに力いっぱい引き寄せた。

するると、義母は自らその大きな口のなかに自分の頭を入れたので、思わずY美さんは短い叫び声を漏らしていた。——その瞬間、義母の躯は忽然《こつぜん》と消え失せた。

娘は泣くのをやめたが、眼の前で起きたことが理解できないというふうに、きょとんとして不思議そうな顔をしている。

もう帰ろうかと思ったが、せっかく来たのだし、娘にも悪く感じたので、もう少しいることにした。その後はなにごともなく動物たちと触れ合い、娘とふたりでゆっくりとした午後を過ごした。

夕方になって自宅に戻ると、夫はもう会社から帰宅していたが、「今日、動物園のライオンの檻のなかであなたのお母さんを見た」とは、とてもではないが、いえなかったそうである。

焚き火（木曽郡）

昭和三年（一九二八年）の六月のことだという。

木曽福島《きそふくしま》（木曽郡木曽町福島）に住むBさんは、自宅から四キロほど離れた別の町にある会社に通っていたが、その日は宴会で帰りが夜の九時を過ぎてしまった。

その当時Bさんは二十五歳で、酒もほとんど呑めない性質《たち》だった。ほんの数杯程度でいい気分になり、夜風に当たりながらとぼとぼと、ひとり帰っていた。

町を出て少し行くと里道に分かれ、その百メートルほど先の稲田のなかに火葬場があった。道を隔《へだ》てて平行に木曽川が流れている。

火葬場の扉のない炉から死体を焼く火が見えることがあり、そのすぐ眼の前を通らねばならないため、夜遅く帰ることはなるべく避けていたのだった。

その晩はむっとするような湿度の高い夜で、歩いているうちになんとなく厭な感じがしたが、気を紛《まぎ》らわそうと鼻歌をしながら歩を進めていた。

すると四百メートルほど先の、ちょうど火葬場のある辺りに提灯のようなともし火がゆっくりとした速度で円形運動しているのを見た。

しばらくそれを見つめながら歩いていたが、きっと稲田の水廻りを調べる提灯だろうと思っていた。

だが、それにしては動きも妙だし、もう少し地面に近いところをぶらつきそうなものだが、と、そう考えてみたとたん、少し気味が悪くなった。

火葬場の近くに行けばひとがいるだろうと前に進んだそのとき、ふとなにかの気配を感じた。とっさに火葬場とは反対側の木曽川のほうを見ると、川べりの葦《あし》の葉蔭にゆらゆらと焚《た》き火が燃えている。

こんな時間に虫取りの火だろうかと不審に思い、すぐそばまで近づいてみると、不思議なことに煙のにおいもしなければ、熱くもなく、火の粉ひとつ上がっていない。いうなればスクリーン上の炎を見ているような、なんともいえずに陰気な火だった。

焚き火がひとりでに燃えるわけがないので、おそらく近くに誰かいるのだろうと思い、大声で呼んでみようかと、ふと先ほどの提灯のほうを見ると、つい先ほどまで頻《しき》りに円を描きながら動いていた提灯の姿が消えている。

あれから僅か三十秒ほどしか経っていない。

いったいどうしたことかと思ったが、それでもあれは提灯だったと固く信じ、きっとそのうちに頬冠《ほっかむり》をした男がチンと手鼻をしながらその辺から出てくるものと期待したが、いっこうにそんな気配はなかった。

川べりの焚き火のほうを見ると、これも妙なことに忽然と消え失せている。

こうなってくると前進も退却もできず、恐ろしさのあまり、ただじっとその場に身を竦《すく》めていたが、眼に見えない大きな力で、今にも躯を強く締めつけられそうな気がしてきた。

どうにも落ち着かないので袂《たもと》から煙草を取り出したが、手が震えるのかマッチを擦《す》ってもなかなか火がつかず、十本も二十本も駄目にしてしまった。

と、そのとき、轟然《ごうぜん》と谷間を揺るがしながら夜行列車がやってきたので、さあ今だ、とばかり、ひたすら列車のほうを見ながら火葬場の前を一気に駆け抜けた。ここまで来ればもう大丈夫だと、胸を撫で下ろしながら後ろを振り返ってみると、火葬場も焚き火のあった川べりも、ただ真っ暗闇でなんの変わったことはなかった。

次第に平静を取り戻したが、なにか莫迦にされたような憤《いきどお》りを感じ、自分を嘲笑《ちょうしょう》してやりたい衝動をおぼえた。

ははは、と小さく笑いながら前のほうに向き直った刹那、頬にふわりと風を感じた。

白衣を着た人物が、すぐ眼の前を足音もなく通り過ぎていった。

瞬時のことで男か女かもわからない。声を掛けるまもなく、その人物は漆黒の闇のなかへ消え去ってしまった。

翌日の昼間、Bさんは川べりに行って焚き火の跡を探してみたが、そういったものはどこにも見当たらなかったとのこと。

白布を着た人物は御嶽行者《おんたけぎょうじゃ》ではなかったかと後に考えたが、仮にそうだとしても提灯や焚き火の説明がつかないのだという。

小諸大橋（小諸市）

神奈川県で歯科医師をしているTさんの話である。

今から三年ほど前にTさんは小諸《こもろ》市内に別荘を建てたそうだ。

家の周りは田畑が広がり、秋も深まってくると周辺の山々の峰にうっすら雪化粧が施されるのが、首都圏で生まれ育ったTさんにはいたく新鮮に映った。

自宅のリビングから眺める景色も壮観で、遠くのほうに大きな橋が掛かっているのが見える。それが小諸大橋という名称であることは知っていたが、機会がなく一度も渡ったことはなかった。

そんな夏のある週末、妻と一緒に別荘を訪れると、リビングのカーテンを開けて、そこから見える風景をなんとはなしに眺めていた。

するとそのとき、視界の端に見える小諸大橋の欄干の辺りから、米粒代の小さな黒いシルエットが落下していった。

おや、なんだろうと思った刹那、今度はもう少し大きな――どう考えてもひとの形をした影法師が頭を下にして落ちていく。

瞬時に投身自殺だとTさんは思った。

すぐに警察へ知らせようとしたが、見間違えの可能性もある。落ちた場所から推測すると川のなかではなく河川敷のはずなので、この眼でたしかめてから通報しようと考えた。

急いで現場に向かってみると、どうしたことか、自殺者とおぼしいひとはどこにもいない。

近くで遊んでいる小学校高学年ほどの男児たちがいたので、橋からなにか河原に落ちてこなかったかと尋ねてみたが、誰もそんなものは見ていないと答えた。

もっとも遊ぶことに夢中になっていて、気づかなかっただけかもしれない。

河川敷ではなく川に落ちたとも考えられたが、その日の水勢は穏やかだったので、そう遠くには流されていないはずと、かなり下流のほうまで歩いてみたが、それらしいものは見当たらなかった。

やはり勘違いだったのか――。

その当時、Tさんは飛蚊症《ひぶんしょう》に悩まされていたため、おそらくその症状を投身自殺に見間違えたのだろうと、なんだかすっきりしないものの、そう結論づけるほかなかった。

ところが。

それからふた月ほど経って再び小諸の別荘に赴いた際、夕餉《ゆうげ》の席で妻がこんなことをいった。

その日の午後、妻は愛犬を連れて小諸大橋を徒歩で渡ったという。サンドウィッチを作ってきたので、橋の歩道のなかほどにあるベンチに腰掛けて食べていると、進行方向から三歳ほどの女児を連れた女性が歩いてくる。

ふたりが近づいたとき、Tさんの妻は軽く会釈《えしゃく》をしたが、母子は一顧《いっこ》だにせず、じっと前を見つめながら通り過ぎる。

すると、突然娘のほうが、

「ここからおちたらしぬの？」

といった。

「ええ、きっと死んじゃうわね。ひとたまりもないわ」

そう母親らしき女が答えたので、なんて会話をしているのだろうと振り返ったら、忽然とふたりの姿が消えていたので、慌てて犬を抱きかかえると、その場から逃げるように帰ってきたというのだった。

それを聞いて、二か月前に自分が体験したことを俄《にわ》かに思い出したTさんは、橋から身を投げたようなふたつのシルエットを見たことを初めて妻に話した。

投身自殺かと思って河川敷まで見に行ってみたが、そのような形跡はなにもなかったと

いうと、

「やっぱりね。私が見たのもあなたが見たのも、きっと幽霊よ。ええ、間違いないわ。あの橋、きっと飛び降り自殺が多いんじゃないかしら。だってものすごく高いもの。見晴らしはいいけど、あんなところから飛び降りたら間違いなく即死よ」

その後、Tさんが調べてみたところ、やはりその橋が竣工されてから多くの投身自殺があったことが判明した。

夜間になると不気味に青白く光る灯火を不思議に思っていたが、自殺防止のための照明であったこともわかったそうだ。青色には気持ちをリラックスさせる効果があるのだという。

最近も時折、別荘には訪れているが、昼間でもリビングのカーテンを開けることはないそうである。

花火の夜（諏訪市）

毎年八月十五日になると諏訪《すわ》市では諏訪湖湖上花火大会――通称、諏訪湖花火大会が行われる。

この催しは昭和二十四年（一九四九年）から続いており、近年では四万発という打上数やその規模で全国屈指の花火大会と称されているようだ。県内外から五十万人もの見物客が集まり、普段は閑静な諏訪市内が俄かに活気づく一大イベントとなっている。

十年ほど前のこと。

会社員のMさんは、当時交際し始めたばかりの女性と諏訪湖の花火大会を観に行く約束を交わした。

車で行ったら大渋滞に巻き込まれるだろうと電車を利用したが、浴衣姿の若い男女や多くの家族連れで車両のなかは身動きがとれないほどだった。

ようやく駅に降り立って、人波をかきわけながら会場へと歩いていくが、想像を超える人出のために到着するのに予定よりも時間が掛かってしまった。

午後七時を廻ると花火が打ち上がり始め、しばらくふたりは見入っていたが、どれくらい経った頃か、彼女がMさんの耳元に顔を寄せて、

「ねえ、あそこにいる男のひとが、さっきからこっちに向かって手を振っているよ。もしかしたらM君の知り合いじゃない?」

とそんなことをいう。

これだけの人混みなのだから、偶々知人に会っても不思議ではないが、いったい誰だろうと眼を凝らしてみると、高校時代のクラスメイトのH君だった。

学生時代は特に親しかったわけではないが、それでも卒業してから五年は会っていないので、思わず懐かしくなり、花火も彼女もそっちのけに友人のほうに近づくと、ふたりで再会を喜び合った。

Mさんは卒業と同時に地元の企業に就職したが、H君は成績が良かったので都内の有名大学に進学したはずだった。

「大学を出てから、こっちに帰ってきたのかい」

そう尋ねてみたが、なぜかにやにやと嗤っているばかりで要領を得ない。

周囲がうるさくて聞こえていないのかと、近いうちに呑もうよ、と身振り手振りのジェスチャーで伝えると、H君は、うんうん、とうなずきながら指でOKサインを作った。

ふたりで携帯電話を取り出して、お互いの電話番号を登録しあったが、彼女を待たせているることを思い出し、それじゃ近いうちに電話するよ、とだけ伝えると、Mさんはその場を離れた。

それから三日ほど経って、約束通りH君に電話を掛けてみたが、十コール以上鳴らしても応答がない。忙しいのかなと思って電話を切ったが、その直後にMさんの携帯電話がけたたましく鳴った。

画面を見るとH君の名前が表示されている。すぐに通話ボタンを押して開口一番、

「おお、Hか。この前はどうも。しかし妙なところで会ったな」

そういうと一瞬の静寂の後、若い女性の声で、

「これは兄の電話なんです。すみません、まだ解約せずに私が持っているんです」

どうしたことか、H君の妹が電話を掛けてきたのである。

意味がわからず困惑していると、

「ご存知ではありませんでしたか。兄は亡くなったんです。東京に住んでいましたが、オートバイに乗っているときに事故に遭って――」

思わぬことに言葉を失ってしまった。つい三日ばかり前に再会を祝したばかりなのだ。

東京で事故に遭ったというので、それはいつのことかと尋ねると、ちょうど一週間前だ

とのことだった。

それを聞くや否や、一気に血の気が失せたように足元がふらつき、手も震えて携帯電話を落としそうなった。

「いや、まさか、そんなはずは……。だって俺、ついこの前、彼から直接この番号を教えてもらったんですよ。諏訪湖の花火大会の日です。そのときに彼も携帯に俺の番号を登録したはずなんだけど——」

しかし、妹が確認してみても、彼の名前はH君の携帯電話には登録されていなかったそうである。

赤い石（安曇野市）

南安曇郡穂高町《ほたかまち》（現在の安曇野市穂高）に住むFさんの話である。

昭和五十六年（一九八一年）の春のこと。

Fさんの知人が北安曇郡内に山林を所有しているというので、事前に許可を取って山菜採りに出掛けたという。

初めて行く山とあって、道路や地面の状況、植物の種類や野生動物のことなど調べておくべき事柄はあったが、山菜採りが趣味のFさんにはそういったことは二の次で、軽トラックで向かっている間も期待で胸がいっぱいだった。

少し拓《ひら》けたところに車を駐めると、長年の勘で場所を見極めて藪《やぶ》のなかに分け入っていく。

時節がよかったのか、それほど歩かないうちから、こごみや山うど、こしあぶら、たらの芽、わらびなどを大量に獲《と》ることができた。

知人の山なのだから、当然、御礼としてある程度渡す必要があるだろうと思い、もう少し粘ってみるかと、更にうえのほうに登っていった。

一時間半ほど経った頃、腹がへったので昼飯にしようかと、少し平らになった場所にビニールシートを敷き、そこに腰掛けながら持参した塩むすびを頬張った。

するとそのとき、近くの樫の木の根元に、二十センチ四方ほどの赤い石が転がっているのを見て、思わず腰を上げた。

三大銘石とされる佐渡の赤玉石によく似ているが、まさかそのようなものがこの長野の山中にあるとは思えない。

Fさんにとって赤玉石は憧れの石だった。もし本物の赤玉石であれば、この大きさでも数万円は下らない。

拝借してしまおう――そう考えた。こんな山奥にある石をひとついただくくらい、いいではないか。それもまったく知らないひとの山ではないのだから。

身勝手な話だが、当時はそんなふうに考えてしまったそうだ。

腰を屈めて持ち上げてみると、五十キロ近くはありそうで、とてもひとりでは持ち運びできそうにない。それで一旦、車のところまで戻ると、先ほどの平地の辺りまで林道を駆け上がった。

車を停めて、傾斜を登ってしばらく進むと、赤い石のある平地に出たので、できるだけ傷がつかないように足で転がしながら、時間を掛けてなんとか軽トラックの荷台に石を載せた。

自宅に着くと、採ってきた山菜もそっちのけで風呂場に石を運び込み、束子《たわし》で汚れを取って、乾いた後に柔らかい布で丁寧に磨きあげた。

研磨剤は使っていないのに見事なまでに艶《つや》やかになったので、喜び勇んで和室の床の間に飾り、うっとりと眺め入った。

すると、その日の深夜。

Fさんが寝室で寝ていると、隣の妻がなにやら魘《うな》されている。

厭な夢でも見ているのかと思っていると、突然、眼をかっと見開いて、

「お父さん、火事よ、火事ッ、早く逃げないと！」

叫ぶようにそういうので、今まで寝ていたくせに、なにをいうのかと笑ったが、なにやら焦げくさいにおいがしてくる。と、思う間もなく、襖《ふすま》の隙間から白煙が忍び込んできたので、ややや、これは本当に火事だッ、と妻の腕を取り、隣室の息子を叩き起こして、ベランダから外に転がり出た。

火の手は和室から上がっているようだったが、再びなかに入るのは危険だと察し、隣家の呼び鈴を何度も押して、火事なので消防を呼んでほしいと頼んだ。

ほどなくサイレンを鳴らしながら消防車が数台やってきたが、その頃にはすべての部屋

の窓からもくもくと煙が上がっていて、もう少し気づくのが遅ければ全員助からなかったかもしれないと、家族を抱きながらFさんは震えた。

消防隊員たちの懸命の消火活動で火は消し止められたが、全焼といってよいほどの焼け方で、家は新たに建て直すしかなさそうだった。

翌日の現場検証の結果、出火元はやはり和室らしいとのことだったが、台所からも離れているし、Fさんは喫煙者でもないので、警察や消防は火災原因をはっきりとは特定できないようだった。

照明器具が落下したのだろうとのことだったが、簡単に落ちるようなものではないので、どうにも納得がいかなかった。それにしても、あのとき妻は寝ていたはずなのに、なぜ火災に気づいたのか不思議でならなかった。

少し落ち着いた頃、妻に火事の晩のことを訊いてみると、

「あなたがどこかからもらってきた石、和室に飾ったわよね。あれが夢に出てきたのよ。突然、表面にぱっと火がついたと思ったら、灯油でも掛けたみたいに物凄い炎になって、掛け軸や床柱が燃えていくの。私、それで怖くなっちゃって――」

眼を閉じながら、妻は思い出すようにそういった。

まさかそんなことが――。

とても信じられないが、Fさんは焼け落ちた家に入っていって、和室のあった場所に向かってみると、床の間の床板は黒焦げになっているが、かろうじて抜け落ちてはいないようだった。だが、あの赤い石はどこにも見当たらない。火災の熱で割れてしまったのかと周囲を探してみたが、石のかけらなど一片も落ちていなかった。

後日、解体する際に作業員に頼んで床の間の床下部分も見てみたが、やはり赤い石はどこにもなかったという。

昔から南安曇郡（現在の安曇野市）の地域では、赤い石を家に持ち帰ると火事に見舞われるとの言い伝えがあり、それを火事石と呼ぶことをつい最近になってFさんは知り、火事に遭ったのはもう四十年も前のことではあるが、大変に愕いたそうである。

「あの石は特別大きいわけではなかったけど、なんともいえない存在感があってね。だから、もしかしたら昔のひとの道標みたいなものだったんじゃないかと思うんだな。あるいは、お墓の代わりの石だったか」

いずれにしても、あの石が消失した理由はわからんがね——。

恐れているようにも、どこか懐かしんでいるようにも見える表情で、Fさんはそう語る。

りんご農園（北信地方）

北信地方でレストランを経営しているS子さんの話である。

平成の初め頃のことだという。

当時S子さんは中学三年生だったが、塾から帰る際に父が営むりんご農園の前を通ったところ、なにやら焦げ臭いにおいがしてくる。

野焼きの時期でもないのにと思い、煙の出所を探すと父の農園からだった。なにか焼いているのかと近づいたとき、思わぬものを見て、S子さんは躯が硬直してしまった。

火だるまになったひとがうつ伏せに横たわっている。

「お、お父さんッ」

鞄を投げ出して燃え盛る炎のほうに走った。

着ているものはほぼ燃え尽きており、靴以外は裸同然だった。

男のひとである。

頭部から肩に掛けて真っ黒に煤《すす》けて風貌《ふうぼう》はよくわからないが、父に違いなかった。見えている肌はぷすぷすと燻《くすぶ》り、皮膚が弾《はじ》けたようになっている。

「誰か、誰か助けてくださいッ」

何度もそう叫んでいると、農道を走っていた一台の軽トラックが畑の前で止まった。

「おい、どうしたかや？」

そういいながら顔を出したのは、父の知り合いの農家の男性だった。

S子さんが言葉を詰まらせていると、男性はその脇の燃えているものを見て、これは大変だ、と車から飛び出した。

荷台に積んでいたバケツに水路から水を汲《く》んでくると、何度も炎に向けて放った。

それでようやく消し止められたが、横たわったものは腕を奇妙に曲げた状態のまま、ぴくりとも動かないので、すでに息絶えているようだった。

「もう死んじまってるわ。こりゃ、えれえことになっちまったな。可哀そうに、こんなものを見ちまってよ。でも、これお父さんじゃないな。誰なんだい、いったい？」

そういうのでS子さんは吃驚してしまった。それまですっかり父だと思い込んでいたからである。

なぜ男性がS子さんの父ではないと思ったかというと、靴が違うからというのだった。

たしかにいわれてみれば、若者が履くような見覚えのない革靴で、父はそんなものは一足も持っていないはずだった。畑仕事をするときは必ず長靴を履いていたし、冠婚葬祭のときは、いかにも昔に買った感じの履き古したものを愛用していたのである。

とにかく、お父さんと警察に知らせないと――。

S子さんは一緒に軽トラックに乗って自宅に帰ったところ、父は居間で寝ころびながらテレビを見ていた。

知人とS子さんで事情を話すと、それは本当なのかと、慌てながら警察に電話を掛けて、父も一緒に現場へと向かった。

後日、判明したことは、死んだ男は他県からやってきた見ず知らずの三十代の男性で、自殺をするため頭から灯油をかぶったようだった。

だが、躊躇《ためら》ったのか慌てていたのかわからないが、そういう死に方を選んだわりに、掛け方が不充分だったようで、上半身は焼け焦げてほぼ炭化していたが、下半身は生焼けになっていたというのだった。

地面に残った黒い焦げ跡は、風雨に晒《さら》されてもなかなか消えなかった。

高校に進学してからも通学の度にその前を通らねばならず、見ないようにと思うのだが却《かえ》って意識してしまい、ちらりと見てしまって後悔する――そんな毎日だった。

そうしたある日、畑仕事から帰ってきた父が、どこかに電話を掛けながら愚痴をこぼしている。

聞き耳を立てると、農園のりんごの木の一本だけが、なぜか実がならないのだという。いや、なるにはなるのだが、いつまで経っても赤く色づかない。とてもではないが、出荷などできないというのだった。

電話を切った後も、弱っちまったな、と何度もため息を吐いているので、S子さんは近寄っていって、

「それってどこの木なの？」

そう尋ねてみると、例の焼身自殺した男のそばに生えていた木であることがわかった。

樹木の病気かと思って調べてみたが、そういったことはないようだ、と父はいった。

結局、三年に亘《わた》ってその木にできた実は出荷するレベルには至らず、収穫したすべてを廃棄することになった。

高校卒業後、菓子作りが好きだったS子さんは東京の製菓学校に進むことになった。

都会での刺激的な生活を送っているうちに、あの忌まわしい出来事は忘れかけていたが、それでも時折、夢に見て魘されることがあった。

そんな冬のある日、学校の課題でパイを焼くことになった。

実家がりんご農家というのもあり、S子さんはアップルパイを作ることに決めた。

その練習のために子どもの頃からの貯金を切り崩し、最新型のオーブンレンジを購入し

た。

課題で必要なのでいくつかりんごが欲しいと父に連絡をすると、すぐに食べ切れないほどの量のりんごが段ボール箱に入って送られてきた。

丸々と赤く実った立派なりんごだった。

当初はりんごを砂糖で煮たものを使おうと思っていたが、果実のしっかりした食感が欲しかったので、生のそれをやや厚めにカットすると、こねたパイ生地に載せた。そのうえに網目状にしたパイ生地を蓋のようにしてかぶせる。

オーブンを設定し、焼き上がるのを今か今かと待ちわびていた。

ところが――。

パイが焼ける香ばしいにおいがしてこない。

それどころか、妙なにおいが鼻を衝《つ》き、瞬く間に部屋のなかに充満したので、慌てて換気扇を回した。オーブンのドアを覗いても、別に焦げているような感じはない。

教わった通りに作っているのだし、機械も新しいもので、誤った操作などはしていないはずである。

いったい、どうしたんだろう――と思っていると、ちょうどその瞬間、焼き上がったことを報せる音が鳴った。

少し待ってドアを開けてみると、パイは特に変わった様子もなく、綺麗に焼き上がっている。

「なんだ、美味しそうじゃない」

そういいながらケーキナイフでカットした、そのときだった。

パイの断面から見えているもの。

それはどう見てもりんごではない。

生焼けになった人間の、関節の少し曲がった脚にしか見えなかった。

あの日、S子さんが見た男の剥き出しになった脚。

ところどころ燻った、皮膚の表面が弾け、白と赤と黄が斑《まだら》になったような、あの下半身。

大きさこそ違うが、それ以外のなにものでもない。

とたん、S子さんは猛烈な吐き気に襲われ、キッチンシンクに顔を突っ込んだ。

そうなるともう食べる気が起きず、パイは紙包みに入れて、少し遠くの公園まで捨てに行った。

後で実家に電話を掛けてみると、

「四年目にして、ようやく出荷できそうなものがなったんだ。りんごを送ってくれ、だなんて珍しいことをいうもんだから、早速、お前に食べさせてあげたくてね」

父が嬉しそうにそういうので、先ほどのことは口に出せなかった。

申し訳ないとは思いながらも、残ったりんごはすべて廃棄したそうである。

あの木から収穫したものを出荷したかどうかは不明とのこと。

「父は母になにもいわなかったみたいですが、翌年にその木だけを伐ってしまったようなんです。やはりなにか妙なことがあったのかもしれませんね。その父も十年前に亡くなってしまい、今となってはなにもわかりませんけれど――」

そうS子さんは語る。

回避した者たち（信州各地）

長野県は首都圏の一都三県とほぼ同じ面積とあって、その県土の広さから古来より多くの自然災害に見舞われてきた。

それだけではない。

都会ほどではないものの、全国規模で騒ぎになる事件や事故も時折起きている。

被害に遭って亡くなられた方たちも少なくないが、超自然としか思えない方法で九死に一生を得たひとたちもいるようだ。


岡谷《おかや》市に住むC子さんの話である。

令和三年（二〇二一年）八月のこと。

C子さんは岡谷市内のアパートでひとり暮らしをしているが、自宅から少し離れたコンビニエンスストアで早朝の時間帯に働いているという。

その日も目覚めたときから窓を叩く強い雨音が聞こえていたので、仕事へ行くのが億劫《おっくう》だった。

連日の豪雨で道路もぬかるんでいるし、店のフロアも拭《ふ》く端からすぐに汚れていくので仕事が増えてしまう。それに常に人手不足なため、突然、自分が休んでしまったら店長や他のスタッフたちにも迷惑を掛けてしまうだろう。

あくびをかみ殺して着替えを済ませ、出掛けようとした、そのとき。

天井のほうから、パリンッ、とガラスが割れるような音がした。

照明のペンダントライトのシェードが割れたのだ。見上げると同時に、割れたガラスが床に激しく飛び散った。

――えッ、どうして。

次の瞬間、消灯していたはずのキッチンのシーリングライトが、なにもしていないのにチカチカ、ジージー、チカチカ、ジージーと、何度も点いたり消えたりしている。壁のスイッチを押さないかぎり点くはずはないし、そもそもそんなふうに点灯する電球ではないのだ。

いったい、どうなっているのか。

しかし、とりあえず床のガラスを片付けねばならない。

掃除機で吸い込もうと思ったが、まだ外は暗いので近所迷惑だろうと、玄関に置いてある箒《ほうき》を持ってこようとした。

その刹那、玄関のドアノブが、きゅるきゅる、きゅるきゅる、とゆっくり廻ったかと思ったら、ドンドンドンッ、と三度強く戸を叩かれた。

誰なのか。まだ朝の五時にもなっていないというのに、こんな時刻になんの用事があるというのだろう。

いや、もしかしたらガラスが床に落ちた音で隣室か階下の住人が苦情をいいにきたのかもしれない。と、そう思って、急いで解錠してドアを開けたが、そこには誰もいなかった。

不思議だったが、すぐにでも家を出ないと遅刻してしまう。かといって、粉々になったガラスをそのままにはしておけないので、手早く箒で片付けた。

健康のために普段は歩いて職場に行くのだが、雨も降っているし、妙なアクシデントもあったので、今日ばかりは車で行こうとC子さんは考えた。

が、そのときだった。

本棚に収まっている雑誌や書籍、人形や小物たちが、まるで誰かが手で薙《な》ぎ払うように下に落ちていく。

そのうえラックに掛けている洋服が、ハンガーから滑るように次から次へと床に落下していくので、愕きのあまり身動きがとれなくなってしまった。

――えッ、どうなってるの……。

地震ではない。足許は少しも揺れていないし、第一、地震ではこんな現象は起こりえない。

では、いったいなんなのか。

なにが起きているのかわからないが、そうこうしているうちに時間はどんどん過ぎていく。

落ちたものは帰ってから片付けることにして、とにかく家を出ようとした。

ふと壁掛け時計を見た瞬間、あまりのことに叫びとも嗚咽《おえつ》ともつかない、奇妙な声を漏らしていた。

そこにあるのは時計ではなかった。

三年前に亡くなった、大好きだった祖母の顔。

だが、かつて見たことがない怒ったような表情で、その顔色は朱肉を万遍《まんべん》なく塗りつけたように真っ赤に染まっている。信じられない光景を目の当たりにしながらも、C子さんはなぜかそれを怖いとは感じなかった。

「お、お祖母ちゃんッ」

気づくと、そういいながら涙が溢《あふ》れ出ていた。祖母を見ると、先ほどと同じ表情のまま、首を横に振っている。

どういう意味なのか。どうして首を振っているのだろう。

「いっちゃだめ」

ひとこと、そう聞こえた気がした。

「なんのこと？　いっちゃだめってどういう意味？」

すると、それきり祖母の顔は消えてしまい、元の壁掛け時計に戻っている。

時計の針は、とっくに家を出ていないといけない時刻を差していた。これでは車で向かったところで遅刻は免《まぬが》れそうにない。ただでさえ雨の日は道路が混みあうのだ。

いっちゃだめ、という言葉も気になる。

言ってはいけない、と、行ってはいけない——どちらの意味だろうか。

前者はなにも思い当たることがないが、後者であれば仕事に行ってはいけないということではないのか。

時刻も時刻だし、C子さんは店長に厭な顔をされることを覚悟で店に電話を掛けた。

体調が思わしくないので休ませてほしい、というと、

「コロナでこういう時期だから仕方ないね。ゆっくり休んでよ。いずれにしても、こんな天候だから家から出ないほうがいいかもしれない」

と予想外の対応をされ、仕事を休むことができた。

急な休日となったが、散乱した小物類や洋服などを片付けたり、洗い物をしたりしているうちに十時近くになっていたので、珈琲を淹《い》れてテレビを点けた。

すると、画面に地元のニュースが流れている。

その日の早朝に岡谷市川岸《かわぎし》地区で土砂崩れが起きたというのだった。

山から流れ出た土砂は川岸駅前の民家を直撃し、五人が病院に運ばれ、三人が心肺停止の状態だという。

現場の映像を見たとたん、C子さんは躯が内側から震えてくるのを感じた。

普段、職場へ行くのに必ず使っている道路が映っていたからである。土砂は家の一階部分を呑み込み、停めてあった車は道路に押し出されるようになっていた。

早朝といっていたが何時のことだったのかと、スマートフォンでネットニュースを見てみると、五時過ぎ頃だという。普通に家を出ていたら、巻き込まれていた可能性が極めて高いことがわかった。

「お祖母ちゃんが教えてくれたのかなって思ったんです。私が家から出ないようにお祖母ちゃんなりに必死に邪魔をしたのかなって。だからといって、あんなふうに部屋中をめちゃくちゃにしなくてもよさそうなものですけど」

そういって、薄く微笑む。

「いつもにこにこ笑って、本当に優しいお祖母ちゃんだったんです。だから、あの真っ赤になって怒った表情がいつまでも忘れられなくて――」

最後にC子さんはそう語った。

長野市に住む会社員Fさんの話。

令和元年（二〇一九年）の秋のことだという。

当時、Fさんは会社が借り上げている千曲《ちくま》市内のアパートに住んでいたが、十月に入ってすぐの頃に妙な夢を見た。

それは鳥さながらに自分が空を飛んでいるというものだった。

上空高くまで舞い上がってみたり、低空飛行を試みたりするのだが、冷たい雨が躯を濡らす感じや頬に風が当たる感覚がとても夢とは思えない現実感で、本当に羽根が生えているのではないかと自分の躯を見ようとするのだが、なぜだか少しも首が廻らない。

見えているのは、山に囲まれた盆地である。

眼下には灰色の水を満々と湛《たた》えた大きな川が流れているが、どこか知っている場所という気がした。

もしかしたら自分の住んでいる地域ではないのか。こんなふうに真上から眺めたことは一度もないが、そんな感じがしてならなかった。

だが、なにかが違う。

まず高い建物がない。

ホテルやビル、マンションといった高層階の建物が一棟もなかった。学校や病院などの近代的で大きな建物もまったく見当たらない。

所々に数十軒集まり集落のようになっているが、それぞれの家屋は均《なら》したように背が低く、木板のうえにひとの頭ほどありそうな大きな石が載った粗末な屋根を持っていた。少し遠くの山際まで飛んでみると、立派な茅葺《かやぶき》屋根の家も何軒かあるようだった。

雨の勢いは烈しさを増している。

実際の鳥は知らないが、飛んでいるぶんには苦痛ではなかった。

するとそのとき、川べりの土手が崩れ、そこから水が次から次へと溢れ出てくる。

最初一か所だったものが、そのうちに彼方此方の堤防が決壊し、周囲の田畑や民家を呑み込んでいく。

その様子を見に、家から出てくる者たちもいる。

つぎはぎだらけの着物姿の若い男や、煤けたように真っ黒な顔をした老人、刺し子の着物を着た農民風の男、小袖姿の中年の女たち――。

そういったひとたちが、川のほうを眺めながら不安そうな表情で突っ立っている。

青ッ鼻を垂らした小さな男児もいるが、なにか普通でないことが起きているのを察したようで、大きな声を上げながら泣いている。

そうこうしているうちに水位が増し、川に近い家から水のなかに沈んでいく。

逃げ惑うひともたくさんいる。

木に登って天辺《てっぺん》のところにしがみつく者、息がないのか顔をうつ伏せに流されていく者、水面から顔を出し必死な形相で家財に掴《つか》まり耐えている者。

そのうえを飛び回りながら、なんとかして助けてあげたいと思うのだが、Ｆさんにはどうすることもできなかった。

――と、そこで夢から覚めたが、全身にじっとりと厭な汗を掻いていた。

すぐに躯を見るが、もちろん羽根などどこにも生えてはいなかった。

それから数日経った頃、勤務先の本社で行われる講習会に出席するため、何日間か東京へ出張することになった。

十月十二日の朝に長野駅から新幹線に乗って東京駅に着いたが、そのまま本社に顔を出し、久しぶりに会うひとたちと挨拶を交わした。仕事は明日からということで、その後は近くのホテルにチェックインした。

部屋でテレビを点けてみると、どの局も台風十九号の被害を伝えるニュースが流れている。

今晩にも甲信越地方に最接近する見通しとのことで、Fさんは少し不安になった。

毎年季節になれば当たり前のように台風はやってくるが、雄大な日本アルプスがそれを阻《はば》み、進路を変更させたり勢力が衰えたりすることが多かった。テレビやSNSの天気予報でも長野県だけが警報や注意報が出ていないことが多々あったので、今回も大丈夫だろうと思っていた。

だが――。

翌朝、実家の母親からの電話で目覚めたFさんは、信じられない言葉を耳にした。

千曲川が決壊したというのである。

Fさんの住むアパートの辺りも水に浸かったらしいとのことで、心配した母親が電話を掛けてきたのだった。

テレビを点けたとたん、眼の前に流れる映像を見て言葉を失った。

強い既視感。

ヘリコプターからの空撮映像は、自分が鳥になって飛行したあの夢とまったく同じだったからである。

ただヘリコプターは状況からしてそこまで低くは飛べないらしく、だいぶ上空を回っているようだったが、そのためか、Fさんが見たような救いを求めるひとたちの姿は見えなかった。

結局、仕事どころではなくなってしまったが、北陸新幹線の車両も浸水被害に遭い、帰ることもできずに困ってしまったそうである。

「あの日、東京に出張になったのは単なる偶然だと思うんです。でも、友人たちにこの話をすると、それは先祖の霊が守ってくれたんだといわれます。二年以上も出張らしい出張などなかったのに、あの日に限って泊まりの東京ですからね。まあしかし、それは偶々《たまたま》だったと思います。でも――」

鳥になった夢は予知夢のようなものではないか、とFさん。

調べてみたところ、古くから千曲川は何度も氾濫《はんらん》してきたが、一番被害が大きかったと伝えられているのは、寛保二年（一七四二年）に起きた「戌《いぬ》の満水《まんすい》」と呼ばれるもので、「全滅村落数知れず」といわれ、死者は二千八百人にも及ぶことがわかったという。

神奈川県川崎市に住む男性Nさんの話である。

平成六年（一九九四年）のことだという。

当時、Nさんは松本市内の大学に通う学生だった。

キャンパスから自転車で十分ほどの場所にアパートを借りて住んでいたが、その頃、浅《あさ》間《ま》温泉の旅館でアルバイトをしていたときに知り合った、同じ大学に通う女子学生と恋仲になった。

その女性は他県の出身者だったが、父親は大きな神社の宮司をしているとのことで、そのせいだろうか、時折、迷信じみたことを口にした。

なにをするにも逐一暦《ちくいちこよみ》を調べて、その日は日取りが悪いなどという。

彼女の言葉に従って日程を変えたこともあったが、急には変更できないこともあり、そんなときは決まって自分の思い通りに物事が進まなかったり、良くないことが起きたりしたので、彼女のいうことを信じるようになった一方、少し気味悪く感じることもあった。

また大学の構内を一緒に歩いているとき、

「あのひとなにか悪い病気だよ。たぶん助からない」

突然、そんなことをいった。

視線の先にいたのは、顔は知っているが話したことのない男子学生だった。

よほど顔色が悪いのかと思ってNさんも見てみたが、特にそんなふうには思えなかった。

ところが、それから一週間も経たないうちに、友人からその男子学生が自宅で突然死したというのを聞いて、Nさんは愕きのあまり言葉を失った。

そんな六月の終わりの、ある日のこと。

その日の講義は午後からだったので、昼過ぎに大学の食堂へ行くと、彼女が女友達と昼食をとっていた。

手を上げながら彼女のほうに近づいていくと、吃驚したように顔を見つめながら、つと立ち上がった。一緒にいる友人の存在など忘れてしまったかのように、Nさんの腕を掴むと食堂の隅まで連れていって、

「どうしよう、顔に死相が出てるよ」

声を震わせながら、そういった。

そんなことをいわれても身に覚えがない。いたって健康で、病気の兆候などなにもなかった。

「えっ俺が？　すごく元気なんだけど……。交通事故に遭うとかってこと？」

そう尋ねると、わからない、と泣きそうな顔で彼女は答えた。

「どうしてそんなものが出ているのか、私にもわからない。でも、とにかく死なせないから。私がそんなことはさせない。だからお願い。今日はかたときも私のそばを離れないで。家にも帰っちゃダメ。夜はうちに泊まればいいから」

思わぬことをいわれたのでNさんは面喰らってしまったが、そう話す彼女はこれまで見たことのない真剣な表情だった。

彼女がひとり暮らしをするアパートに初めて泊まることになったが、食料品の買い出しに行くときや夜ベッドで眠るときも、彼女はNさんに寄り添って離れなかった。

翌朝目覚めたとき、Nさんの顔を見て、

「あっ、消えてるッ、死相が消えてるよ！」

涙をこぼしながら、嬉しそうにそういった。

その日は彼女の家からふたりでキャンパスに向かったが、午後の講義が終わったとき、教務課の事務員がNさんを探しているというので窓口に行ってみると、神妙な表情で思わぬことを告げられた。

昨日の深夜にNさんの住むアパートや付近のマンションで毒ガス騒ぎがあり、七人が亡くなり、重軽傷者も多数出ているというのである。

それを聞いたとたん、とても信じられないと思うのと同時に、昨日の彼女の言動が脳裏をよぎって震えが止まらなくなった。

事務員の話によると、Nさんのアパートでも死者が出たという。

毒ガスの正体は現在のところわからないが、事件なのか事故なのかも、いまだはっきりしないというのだった。Nさんの安否が不明なため、警察に頼まれた大家が部屋の鍵を開けると不在だったので、大学に連絡をしてきたようだった。

その後、毒ガスはナチス・ドイツで開発された化学兵器のサリンであることがわかった。紆余曲折《うよきょくせつ》を経て、カルト教団のオウム真理教による松本地方裁判所の宿舎を狙《ねら》った犯行であることも判明した。

もしあのとき、自分のアパートで眠っていたら死んでいたかもしれないと思うと、彼女には感謝してもしきれなかった。

事件の後、そのアパートに住み続けるのがなんだか怖くなり、彼女のアパートのすぐ近くに引っ越しをしたそうだ。

「おそらくPTSDのようなものだったのでしょう」とNさん。

そんな仲睦《なかむつ》まじいふたりだったが、就職を機に遠距離恋愛になると、次第に連絡が途絶《とだ》えがちになり、やがて自然消滅してしまったという。

ふたりの声（塩尻市）

岡谷市に住むH子さんは、中学生の頃、塩尻峠のなかに自宅のある友人の家へ泊まりに行ったことがあった。

夕飯をごちそうになって少し経った頃、お風呂が沸いているから入ってきたら、と友人の母親に勧められた。

自宅以外の家風呂に入ることは初めてだったので、少し緊張しながら脱衣所で服を脱いだ。扉を開けると、自分の家よりもふた回りはありそうな大きな浴槽だった。

躯を洗ってから湯船に浸かっていると、なにやら外のほうからぼそぼそと声が聞こえてくる。男の低い声のようだが、なんといっているのか聞き取ることができない。

その家の唯一の男性は友人の父親だったが、その日は会社の出張で留守にしているはずだった。

覗きではないのか――。

だが、もしそうだとしたら黙っているはずで、声など出すわけがない。

窓を見ると、しっかりと施錠されて閉まっている。しかし、声が聞こえてくるのはなんだか落ち着かないので、ほんの少しだけ窓を開けて見てみようと思った。もしそこに誰かいれば、すぐに窓を閉じればいいのだ。

音を立てないように三センチほど窓を開けると、外はすでに陽が落ちているが、月明かりに照らされた広い庭の一角が見えた。

そこには小さな池が設けられていたが、その縁《ふち》のすぐ手前の地面に西瓜《すいか》ほどの丸い玉のようなものがある。

それもふたつ向かい合うように並んでいるので、庭石なのかと思ったが、声はそこから聞こえてくるようだった。

「ならば……ごづめが……ふむ……ここうより……」

「ぐんちゅうじょうを……ああ……なむ……」

そんな意味不明な言葉が聞こえるが、耳を澄ましてみると、どうやらふたりの男が話しているらしく思えた。

次第に暗闇に眼が慣れ、その庭石のようなものがはっきりと見えた瞬間、きゃっ、と思わず叫んでいた。

頭の中央だけ髪のない、ふたりの男が向かい合っていた。

だが、それには躯がない。頭だけが地面のうえに置かれているのである。

生首が互いに話しているのだ。

しかし、ふたりとも一方的に同じ言葉を繰り返しているだけで、会話を交わしているのではないようだった。

すぐに風呂場から飛び出すと、友人に今見たものを伝えた。

一緒に庭へ出て、生首のあったところに向かってみたが、そこにはなにもなかった。

だが、友人はそんなH子さんを笑って揶揄《からか》うことはしなかった。

「小さい頃から彼女もお風呂に入っていると、たまに声を聞くことがあるらしいんです。正確には、聞くというよりは感じるらしいんですけど。ただ、そうなると怖くて一度も窓を開けたことがないそうなんです」

それ以降は件《くだん》の家に遊びに行くことはなかったが、その友人も高校を卒業すると、逃げ出すように実家を出て、神奈川県でひとり暮らしを始めたという。

だいぶ長じてから、塩尻峠では戦国時代の合戦で多くの死者が出たことを知ったそうである。

鈴の音（下伊那郡）

明治の初め頃のこと。

下伊那郡豊丘村《とよおかむら》に住むSという男が、早起きをして馬を追いながらまだ暗い山道を急いでいた。

山手山を登りきったとき、前のほうから「ちりん、ちりん」と馬に付けたとおぼしい鈴の音が聞こえてきたので愕いてしまった。

その日は自分が一番乗りだと思っていたからである。

そんなに早く来ている者は誰だろうと、馬の尻を叩いて急ごうとするが、速くなるどころか、却って遅くなっていくようだった。

いったいどうしたのかと、仕方なく手綱を引っ張って、坂島《さかしま》峠の馬繋ぎ場に向かって登っていった。

そのうちに空が明るくなってきて、前の様子が次第にわかるようになってきたが、先ほどから鳴っている鈴の主は誰だろうと、手庇《てびさし》をしたときだった。

あッ、と声を上げ、男はその場に立ち竦んでしまった。

大きな山犬――狼が、倒れた白装束《しろしょうぞく》の巡礼者の首元に咬《か》みついている。白い衣装は泥と鮮血に塗《まみ》れ、まるで人形のようにぐったりとしているので、すでに息絶えているものと思われた。

狼はずるずると死骸を物凄い力で引きずっていく。

固唾《かたず》を呑んで見守っていると、そのほうから、ちりんちりん、ちりんちりん、と例の音が聞こえてくる。

どうやら首から吊るしていた鈴が獣の獰猛《どうもう》な動きに合わせて鳴っているようだった。

それを見て、つい先日、どこかからやってきた巡礼者の行き倒れがあり、そのまま死んでしまったので、田村原《たむらはら》にある岩見堂の無縁《むえん》墓地に埋めたことをSさんは思い出した。

腹をすかせた狼が掘り出して、この場所まで引きずってきたのに違いなかった。

そう考えると、すっかり気持ちが悪くなってしまい、付近の草をほんの少しばかり刈ると、そそくさと家に帰ったそうである。


この話は不気味ではあるが、怪異現象は特に起きてはいない。

だが、狼がくわえた死体を目撃した者は、幽霊を見たのと同じほどの恐怖を味わったに違いない。これは狼の死体漁《あさ》りの恐ろしさを端的に伝える話で、下伊那地方では有名な「狼の怪談」として知られている。

狼は死体を埋葬した場所を嗅《か》ぎつけると、一度そのうえを跨《また》いで小便を掛けておき、頃合いを見計らって引っ張り出して食うそうである。

見つかった白骨（飛騨山脈・雲ノ平）

昭和三十三年（一九五八年）のこと。

飛騨《ひだ》山脈の黒部川源流に位置する、溶岩台地の雲ノ平《くものだいら》での出来事だという。

カベッケが原にほど近い、ひとが滅多に踏み込まない藪のなかをこの地で山小屋を営むIさんが歩いていると、人間の大腿骨《だいたいこつ》らしきものが一本転がっていた。

一瞬仰《の》け反《ぞ》ったが、周囲を歩いてみたところ、三十メートルほど横に足以外の骨がすべて揃っていた。それは仰向けの状態で、白骨の下の地面はちょうど人間の形に草がまったく生えていなかった。

それを見て、Iさんは不可解に感じた。大腿骨が斜面の下に転がっていたのなら、雪に押されたかなにかしたのだろうと思えるが、少し離れた横の位置にあったからである。

熊に襲われたのだとしたら死体は食い散らかすだろうから、骨はもっとあちらこちらに飛散しているはずなのだ。

遺留品である衣類は殆《ほとん》どが朽《く》ちてしまっていたが、革製のベルトと短靴、それに飲料水のビンがひとつだけ残っており、他の所持品らしきものはなにもなかった。

どう見ても軽装で、このような格好でこんな奥地までやってきたとは到底考えられない。また白骨の風化から察すると数年は経過しているようだったが、Iさんは何度となくこの場所を通っていたのだ。こんな遺体が転がっていれば当然気がつくはずである。

一番不思議なのは、警察官立ち会いの元、発見した場所の地面深くに手厚く葬《ほうむ》ったが、なぜか一年おきくらいに埋めたはずの白骨が地表に現れてくることだった。

昔から雲ノ平では、誰もいない場所から「おーい、おーい」と頻《しき》りに呼ぶ声がする怪現象が時折起きていたが、それまではカベッケが原に棲《す》んでいる河童《かっぱ》による悪戯《いたずら》だといわれていた。カベッケという言葉自体が河童を差しているのだ。

しかし、このことがあってからは白骨死体が地表に現れるときにひとを呼ぶ声なのではないかと、誰ともなくそんなふうに噂されたという。

それから四年ほど経った、昭和三十七年（一九六二年）のこと。

九月の霧深いある日、雲ノ平の小屋番のふたりが建物から出たところ、背後から「ねえ、ちょっと――」と呼び止められた。歳のほどはわからないが、とにかく女の声である。

だが、こんな日に登山者などいるはずがない。

愕きながらふたりで振り返ってみると、そこには誰もいなかった。荒涼とした、霧に煙る台地がただ広がっているだけだった。

「なんてこっちゃ。あの白骨に呼ばれてしまった――」

大のおとながふたり、そういっていつまでも震えていたという。

また、その翌年の昭和三十八年（一九六三年）の夏には、こんな出来事があった。

先述のIさんの山小屋に電話があり、金沢大学医学部の学生のひとりが行方不明になっているというのだった。

話によると、彼ら学生三人は夕方に雲ノ平山荘に到着したが、疲れていたので建物の手前、十分ほどのところにリュックサックをひとつ置いてきていた。その後、一番元気のあったS君が取りにいったが、それきり山荘に戻ってこないというのだった。

だが、幸い天候は晴れていたし、暮れるにはまだじゅうぶん時間があった。

その日は登山者も多かったので、まさか遭難なんてことはあるまいと思っていたが、何時間経ってもS君が戻ってくることはなかった。

騒ぎになったのは陽が落ちてからで、山荘の者がライトをかざしながら行ってみると、リュックサックは地面に置いてあったが、そこは例の白骨死体が出てきた藪の入り口だった。

登山者の有志、山荘の従業員、営林署員、遭難した学生の友人など総勢四十名以上で夜を徹して捜したがどこにもいない。

翌日も未明から捜索は開始されたが、藪のなかはもちろん周囲の山小屋すべてに連絡を取ったが、S君の行方は杳《よう》としてわからなかった。

下界でも大騒ぎとなり、ラジオでの報道、金沢大学からの救援隊、また飛行機も上空を飛んだ。黒部川源流部一帯にS君宛のビラを撒《ま》いたが、依然として見つからなかった。

連日の好天で登山者が多かったのだから、誰か目撃していても不思議ではない。

しかも山荘の眼と鼻の先で忽然といなくなってしまったので、皆首を捻《ひね》るばかりだった。

ところが四日目の朝、捜索隊が出発しようとしていた山荘の玄関に、いなくなったはずのS君がふらっと現れたので、一同吃驚してしまった。

「お、おい、君は今までどこにいたんだ？」

安堵からか、友人たちは泣きながらS君に尋ねると、

「どこって、この山荘にいたんだ」

気の抜けたような表情でそう答えたが、

「ガソリンはないか？」「おれのズボンはどこにいった？」

などと訳のわからないことを口走っている。

そのS君を見るとズボンを二枚穿《は》いているので、これは休ませないといけないということになり、事情もなにも訊く前にとにかく寝かせることにした。

半日ほどぐっすり寝て起きたS君はまったくの正気に戻っており、彼の話によるとこういうことだった。

リュックサックを置いてきたところに行くと、急に霧が立ち込めてきて方角がわからなくなってしまった。それからは山荘に戻ろうと藪のなかをひたすら歩いたことしか記憶にないというのである。

Iさんの推測では、霧はちょうど白骨死体のあった辺りから発生しているようだったが、不思議なことに、その日は誰も霧など目撃していなかった。

S君が藪からようやく出た場所はカベッケが原で、そこでキャンプをしていた三人のひとたちのなかに加えてもらい、ともに夜を過ごしたという。それで早朝に雲ノ平へ登ってきたというのである。

S君いわく、昼も夜もいつも四人で色々な話をしたり、彼が持っていたカンパンを一緒に食べたりしていたので少しも寂しいことはなかったとのことだった。

キャンプをしていた三人というのは過去にこの付近で遭難死したひとたちではないか、などという者もいたようだが、真相はわかっていない。

それらの出来事を間近で見ていたIさんは、昔のひとたちがよくいう「神かくし」のようなことは本当にあるのかもしれない――そんなふうに思ったそうである。

棺の少年（諏訪市）

現在九十代の女性F子さんの話である。

昭和二十年（一九四五年）の春のことだった。

母親に使いを頼まれて上諏訪駅近くの乾物屋に買い物へ行った帰り道、なにげなく駅のほうを見ていると、凄まじい黒煙とけたたましい汽笛を鳴らしながら、D51型蒸気機関車に牽引された列車が下りのプラットホームに滑り込んできて停車した。

停まると同時にいくつか客室の窓が開いたが、押し詰めになっている乗客たちのほうに眼をやったとたん、F子さんはあまりのことに言葉を失った。

全身を赤茶色く汚れた包帯でぐるぐる巻きにされた者、真っ黒に汚れた顔の者が複数いるが、それは風呂に入っていないとか日焼けのせいでないのは一目瞭然《いちもくりょうぜん》だった。

ボロ布で作ったとおぼしき手製の眼帯をする者、肩を露出した痩せぎすの女が赤ん坊に乳を含ませていたが、母子ともにひどくぐったりとしていて、とても生きているようには見えなかった。

東京のほうでよくないことが起きたであろうことをF子さんは瞬時に悟《さと》った。きっと大規模な爆撃かなにかがあって、着のみ着のまま田舎のほうに逃げてきたのだろう。

彼らにちゃんとした疎開先はあるのだろうかとF子さんは心配になった。

そのように大変なときだというのに、皆が皆、まるでお通夜のように黙り込んでいるのがなんだか不気味に思えた。

まるで巨大な棺にたくさんのひとが乗り込んでいる——そんなふうに感じたという。

愕いたのはそれだけではなかった。

客席の車両のうえにひとりの、やはり真っ黒に煤けた顔の少年が立っているが、その着ているランニングシャツは血のようなもので赤黒く染まっており、左右の腕が付け根から引きちぎられたように失われていた。

そんな瀕死の状態だというのに、すっくと姿勢よく立ちながら遠くのほう——今やってきた東京の方角を見つめている。

なぜあんなところに立っているのか。もしかしたら無賃乗車なのだろうか。

いやしかし、東京からここまでは八時間ほど掛かるのだし、あの容態で走る列車のうえを立ったまま移動することなどできるはずがない。

不可思議な気持ちに捉われているうちに再び列車は動き始めたが、少年は微動だにせず、同じ方向を見つめながら車両のうえに佇んでいた。

「それから何日か経って、あれは東京大空襲で避難してきたひとたちだとわかったんだよ。列車のうえにいた男の子は、今にして思うと、被害に遭って亡くなったひとだったんじゃないかなと感じられてね。だってそうだとしか思えないもの。魂だけはこっちのほうに逃げてきたのかもしれないね」

遠い昔を懐かしむようにF子さんはそう語る。

極楽峠（下伊那郡）

下伊那郡下條村にある極楽峠《ごくらくとうげ》は標高一〇〇〇メートルほどで、それほど高くはないが、周囲には白樺やブナ林が繁っており、「長野県自然百選」にも選ばれている自然豊かな場所である。

週末にはハイキングをする家族連れや極楽峠三十三観音の旧道を巡るトレッキングを楽しむひとたちの姿が多く見られるそうだ。

五年ほど前のこと。

会社員のFさんは当時交際していた女性と夜のドライブを楽しんでいたが、伊那盆地の夜景を見せてあげようと極楽峠に車を走らせたという。

駐車場に車を駐めて、パノラマパークへ向かう坂道を登っていく。しばらく進むと、一気に視界が開けた。

昼間であれば伊那谷が見渡せる絶景なのだが、繁華街のようなネオンなどなく、遠くに民家の明かりが少し見える程度とあって、まるで夜の海にでも来たかのようだった。

それでも空を見上げると満天の星空だったので、ベンチに座りながらふたりでしばし眺めていた。

すると、そのときだった。

「なんまんだぶ、なんまんだぶ、なんまんだぶ、なんまんだぶ――」

そんな声が崖下から聞こえたので、立ち上がって声のするほうに行ってみると、袈裟《けさ》を着て頭に網代笠《あじろがさ》を載せた僧侶が、とても道とはいえないところをこちらに向かって登ってきている。

それもひとりではない。数珠繋《じゅずつな》ぎになって数え切れないほどの僧侶たちが歩いているのだった。

「なんまんだぶ、なんまんだぶ、なんまんだぶ、なんまんだぶ――」

声は輪唱のようになって辺り一帯に響き渡っている。

なんなんだ、この坊さんたちは……。

慌ててベンチに戻ると、どうしたことか、恋人は口角から泡を吹きながら気を失っている。いくらさすっても、声を掛けても意識が戻らない。

いったい、どうなっているのか。

――と、そのとき。

「南無阿弥陀仏」

明瞭な男の声が、すぐ耳元で囁《ささや》かれるように聞こえたかと思うと、その瞬間、ごほッごほッ、と激しく咳《せ》き込みながら恋人が目覚めた。

周囲を見ると、先ほどいた僧侶たちはひとりもいない。あれだけ木霊《こだま》していた読経もすっかり聞こえなくなっている。

そのときFさんは恐ろしさよりも恋人のことが心配で、介抱しながらなんとか車に戻ったそうだが、それ以来、夜の極楽峠には近づかないようにしているという。

祟る動物（信州各地）

諏訪郡原村中新田《はらむらなかしんでん》、庚申《こうしん》の森の尾根に地域の人々から「お犬様」と呼ばれる狼の供養塔がある。

昔この辺りでは狼がよく出没し、民家の家畜を捕食するだけでなく人間を食い殺すこともあった。

ある日の早朝、資産家の奉公人がまだ薄暗い時間に田圃《たんぼ》の水を見に行ったが、朝飯の時間になっても戻らないので、これはなにかあったに違いないと、その家の主人が鎌《かま》を手にして見に行ったところ、田圃の近くの道に血が点々と付いていて、それが森のほうに続いている。

愕きながらも森に近づいていくと、まさに今、奉公人の若者が狼の餌食《えじき》になっているところだった。

豪胆《ごうたん》な主人は鎌を振るって狼に立ち向かった。

何箇所《なんかしょ》も咬み傷を負ったが、なんとか打ち殺すことができ、主人は狼の死骸を村の辻に台を作って、そのうえに晒《さら》した。

その後どうしたわけか、この家に不幸が続いたので行者を呼んで祈祷《きとう》をしてもらうことにした。

すると、殺した狼が行者に憑依《ひょうい》して、

「若者を食ったので殺されても仕方がないが、いくら畜生でも死骸を晒されるとは恨《うら》めしい。それゆえ祟るのだ」

そういったという。

主人は愕いたものの、もっともだという気もしたので、この行者に狼供養の祈祷をしてもらい、「お犬様」の供養塔を建てたそうである。


この話は信州というだけで、場所ははっきりとはわかっていない。

火薬を仕込んだ肉団子で狐《きつね》の密猟をしていた母子がいたが、ある日、この母親のほうが山に慣れているにもかかわらず、迷うことのないような場所で凍死した。

また息子のほうも火薬の暴発で眼を潰《つぶ》してしまい、密猟をしていたことが警察にばれてしまった。

狐の祟りに違いないと、巷《ちまた》では噂されたそうである。

昔、松代《まつしろ》の山里に力の強い男がいたという。

相撲をとっても誰も勝てないので皆恐れていたが、初夏のある日、この男はふたり連れで山へ柴刈《しば》りに行ったが、その帰り道、連れの男が先に立ち、力の強い男は後ろを歩きながら刈った柴を担いで山を下りていた。

するとそのとき、なにか柔らかいものを踏んだので、なにかと思ったら巨大な蛇のようなものが起き上がり、足下にくるくると巻きついてくる。

その頭は犬よりも大きく、赤く光った眼がなんとも凄まじかった。今にも喉元に食らいつこうとしているようだった。だが、男は自分の力に自信があったので、そんなことにはまったく動じず、

「これは蛇だろう。さあ口から引き裂いてやる」

そういうと、担いでいた柴を下ろして、左手で蛇の下顎《あご》を掴まえると右手で上顎を握り、一気に引き裂こうとしたが、さすがの男も素手ではできなかった。

連れの男が腰に鎌を差していたので、

「鎌をよこせ、鎌だ、鎌ッ」

そう叫んだが、連れの男は近くにいなかった。非力で肝の小さい男だったので、そばの木に登って、戦々恐々《せんせんきょうきょう》とうえから見ているのだった。

「早く鎌をよこせッ」

蛇を組み伏した男がそういうので、木のうえから鎌を投げ下ろした。

それを男は拾って、今度は足で下顎を踏むと、左手に上顎を持ちかえ、口から喉元まで六十センチほど切り裂いた。

それで蛇は苦しくなったのか、巻いていた尾先を緩《ゆる》め、全身で地面を五、六度烈《はげ》しく叩いた。それは物凄い音で、木霊となって周囲に響いたほどだった。

蛇は絶命したが、男はその鎌で蛇の胴体をいくつかに切り刻んだ。

大きいだけで、一見、普通の蛇のような躯をしているが、よく見れば短い脚が六か所にあり、指も六本あった。長さは三メートル以上あり、胴まわりの一番太いところは、桶の胴ほどもあった。その部分だけを残すと、後の部位は谷底に投げ込んで捨ててしまった。

柴と一緒にそれを担ぐと、今日の収穫だと親に見せたらさぞかし愕くに違いない、村の者たちにも見せてやろうと勇んで帰った。

年老いた親は家で寝ていたが、男は今日の出来事を話し、ひと切れの肉塊《にくかい》を取り出して見せた。

　すると親は、

「なんと悪いことをしたのか。これは山の神であろう。このようなことをしたからには、きっと祟りがあるに違いない。金輪際《こんりんざい》、お前をわが子とは思わないから、家にも入ってはならぬ」

　そういって家から追い出そうとするので、男は吃驚して、

「褒《ほ》められようとして持ち帰ったというのに、なんということだ。山の神というが、いったいどんな神だというのか。ひとを食おうとする者は、たとえ神だろうと生かしてはおけぬ。私の行いを叱《しか》るのなら、こちらも親とは思うまい」

　そう言い争っているときに偶然、村の長が通り掛かって両方を言いなだめると、とりあえずその場は収まった。

　だが、肉塊を見たいという者たちが多く、それに応じていたところ、二、三日のうちにひどい臭気を放つようになった。

　こうなるといつまでも置いておくわけにもいかず、面倒にもなり捨ててしまった。

　ところが、男の躯にもそのにおいが移ってしまい、なにをしても薄まらない。ひどい頭痛もしてきて、しばらく床に伏せていたが、医者から薬をもらって飲んでいるうちに次第に体調は良くなっていった。

医者は神妙な顔で、

「お前が殺したのは蛇などではない。野守という生きものだ。井戸のなかに生ずるのは井守といい、家に生ずるのを家守、そして野に生ずるものを野守という」

そう語ったという。

だが、それから三年ほど経った頃、男は国守に禁じられていた山で木を盗んだことが発覚し、捕縛されたうえ斬首されてしまった。

野守の祟りであると人々は言い囃《はや》したそうである。


これも少し似た話である。

天明六年（一七八六年）のこと。

長野市善光寺《ぜんこうじ》参道の近くに中兵衛という樵《きこり》が住んでいたが、四月のある日、旭山《あさひやま》に木を伐りにいった際、ひと休みしようと大木に腰掛けたところ、それがずるずると動く。

思わず腰を上げると、それはかつて見たことがないほどの巨大な蛇だった。

慌てて斧を振り下ろすと、苦しそうにのたうち回った挙句、ひどく恨めしそうに中兵衛を睨《にら》み据《す》えながら絶命した。

元々この旭山には大仁王と小仁王と呼ばれる二匹の大蛇が棲んでいるといわれていたのだった。

——おそらく自分が殺したのは大仁王のほうだろう。

これはひと儲《もう》けできるかもしれないと考えた中兵衛は、ひとで賑《にぎ》わう善光寺の参道で大蛇の死骸を見世物にしてかなり稼《かせ》いだが、それに祟られたのか、数日後、中兵衛は突然の病で亡くなり、続いて妻も死んだ。

それだけではなく、たくさんいた子どもたち全員が原因不明の死に方をし、一家が絶えてしまった。

これは大蛇の祟りに違いないと、西光寺に墓を建てて、大蛇の霊を懇ろに弔ったそうだ。しかし、大正十三年（一九二四年）に道路を拡張した際、蛇の墓を動かす必要があり読経をして動かしたが、それに関わった三人ものひとが次々に亡くなってしまったといわれている。

ちなみに小仁王は大正の頃まで生きており、郵便配達人を追いかけたことがあったそうだ。

スナックで見かけた男（下高井郡）

大阪府に住むCさんの話である。

今から十五年ほど前、Cさんは友人たちと志賀《しが》高原にほど近い、ある温泉宿に宿泊したという。

夕飯の後、外へ飲みに行こうということになり、歓楽街のほうに皆で歩いていった。思った以上にスナックや居酒屋のような店舗があり、ピンクや紫などいかがわしいネオンを灯《とも》している店もある。

友人のひとりによれば、ここには元々赤線があったというので、その名残のような店も存在しているようだった。

もっとも皆そういった気分ではないので、眼についた女性の名前が店名になっているスナックに入ってみた。

観光客とおぼしい浴衣姿の中年男性がふたり、テーブル席に腰掛けてカラオケを歌っている。カウンター席の端にも男がひとり、ぽつんと離れて座っているが、雰囲気から地元の常連客のようだった。

ちろちろと酒を舐《な》めながら、値踏みするようにCさんのほうを見てくる。

うっすらと陰湿な笑みを浮かべたので、気分が悪くなった。が、友人たちはその男のことなどまったく気にしていない様子で、空いているテーブル席に座るとママに瓶ビールを注文している。

談笑しながら呑んでいるうちに厭な気持は薄らいでいたが、ふと気づくと、カウンター席の男はいつのまにかいなくなっていた。

その後、数軒スナックや居酒屋をはしごして、そろそろ宿に戻ろうかとなったとき、Cさんは猛烈な腹痛に見舞われた。いまだかつて味わったことのないほどの強い便意だった。

どうやっても宿までもちそうにない。

どこか近くにトイレがないかと友人に尋ねると、そういえば公衆便所を見かけたな、という。

ああ、あそこだ、と指差すほうを見ると、少し離れたところにいかにも古そうな公衆便所があるのがわかり、友人たちには先に帰ってくれといって、ひとりで駆け込んだ。

すぐに男子便所の個室に入って和便器にしゃがみ込む。

ほっと息をついた、その瞬間。

背後——右斜め後ろの辺りになにか灰色じみた異質なものがある気がして、顔だけ振り返ってみた。

すると、両手を広げたほどの巨大な蛾《が》が一頭、便所の壁に留まっている。

思わずぎょっとしたが、刺激を与えなければ飛んでくることはないだろうとCさんは思った。

しかし、その翅《はね》の模様を見たとたん、息が止まりそうになった。何度も眼を瞬いてみたが、どう見ても間違いない。

先ほどのスナックのカウンター席に座っていた男の顔。

左右の翅のそれぞれに、まるで紙幣の肖像画のように、くっきりとその顔が浮き出ている。

――なんだ、これは……。

もうこんなところにはいられないと、尻を拭くのも忘れて、ズボンをたくし上げようとした。

すると同じ大きさの、まったく同じ模様をした蛾が三十も四十もドアや壁に張り付いている。それらが一斉に、ばさッばさッ、ばさッばさッ、とCさんのほうに目がけて飛んできたので、声にならない声を上げながら便所から転がり出た。

その際、上着のあちらこちらに蛾の鱗粉《りんぷん》が付着してしまったが、手で払ってもまったく取ることができなかった。

洗濯やクリーニングに出しても一向に落ちないので、気に入っていた洋服だったが処分してしまったという。

補導した女子生徒（松本市）

長野県は平成二十八年（二〇一六年）六月まで青少年との性行為を処罰する、いわゆる「淫行条例」が存在しなかった。それまでは条例によらない独自の県民運動で青少年対策をしてきたが、時勢には逆らえず、同年七月に県会本会議で条例は可決された。

成立以前は、「長野県は未成年の女の子と気軽に遊べる」という噂が流れ、県外からそれを目的に訪れる者たちは少なくなかった。全国的に援助交際が問題となった九〇年代の後半は、県内の中学や高校でも売春に手を染める女子生徒が、決して多くはないものの、少なからずいたようだ。

これは、そんな時代にEさんという元教師の方が体験した話である。

当時、Eさんは高校の社会科教師として働く傍ら、青少年補導員も務めていた。夕方から夜にかけて、補導員数名で繁華街や若者たちが屯《たむろ》しそうな場所を見廻り、それらしい者がいたら声を掛けて帰宅を促す、といったことをしていたそうだ。

ある週末の夜、Eさんたちは繁華街から少し入った猥雑《わいざつ》な裏通りを歩いていた。

そこには格安ホテルがあり、くれぐれも未成年者を立ち入らせないよう、フロント係に伝えるのが慣例となっていた。

と、そのとき、ひとりの十代とおぼしき年若い女性が、ホテルの玄関口から人目を避けるように出てくるのを目撃した。

補導員たちで示し合わせて女性に近づき声を掛けると、眼を合わせずに逃げようとしたので前に立ち塞《ふさ》がって詰問《きつもん》したところ、予想通り未成年者で、近くの高校に通う女子生徒であることが判明した。

学校はもう退学するつもりだった、と女子高生は訥々《とつとつ》と話し始めたが、都内で不動産会社を経営しているという男から援助交際を持ちかけられ、一緒にホテルに入ったのだという。

男が先にシャワーを浴びることになったが、なぜか水の音もしないし、何分経っても出てこない。たしかに洋服を脱いでシャワールームに入ったはずである。

こっそり部屋から出ようと思ったが、どうしたわけか男の持っていた鞄も見当たらない。それで不思議に思いながらホテルから出てきたというのだった。

男が渡してきた名刺があるというので、Ｅさんはそれを預かった。

フロントで事情を説明し、補導員全員で女子生徒がチェックインしたという部屋に入ってみたが、隈《くま》なく探してみても、やはり誰もいなかったそうだ。

後日、Eさんは男の名刺にある会社に電話を掛けてみると、すぐに事務員が出た。

しかし、その名前の社長は二年前に中央道で交通事故を起こして亡くなっている、と冷たい口調でいわれたそうである。

新聞に載った怪異（信州各地）

現在では新聞のなかに怪奇現象を扱った記事を見出すことはめったにないが、昭和の戦前の頃までは比較的あったようである。また自殺などがあった場合でも、どこに住む誰が、いつ、どこでどのように亡くなったのか、ということまで記載されているので、今の感覚からすると愕いてしまうが、当時としてはそれが当たり前だったのかもしれない。

明治と大正、昭和の戦前に長野毎週新報及び信濃毎日新聞社より発行された膨大《ぼうだい》な数の新聞から、怪奇的な事件の記事をいくつかピックアップしてみた。

古い新聞記事とあって大事な情報が欠落していたり、住所や実名が明記されていたりするが、番地に関しては省略、氏名は某《なにがし》で統一している点は何卒ご容赦いただきたい。

読みやすいよう現代文にリライトしたうえ、時系列で紹介してみたいと思う。

明治九年四月九日の記事。

当五日の夜八時過ぎ、水内郡腰村《みのちぐんこしむら》（現在の長野市西長野）の産土神《うぶすながみ》加茂神社《かもじんじゃ》の森より妻《つま》科《しな》神社の森裏まで狐火がめざましいほど並んで出たが、この辺りは狐がたくさんいるので、おそらく狐の嫁入りといわれるものだろう。

それにしても、これほどまでにひとの眼を鮮やかに化かすのだから、一匹や二匹の狐ではないものと思われる。


明治三十五年十一月四日の記事。

上高井郡豊洲村字《とよすむらあざ》（現在の須坂市北西端）で変死した女性については、その当時報道した通りだが、その後、同付近では様々な風説が立っているという。

夜な夜な光り輝く玉が飛び交うのを見た者、また死んだ女性の姿を目撃した者もおり、生前の関係者たちは皆気味悪くなってしまった。

そのため女が死んだ宿では二、三日前に法要を営《いとな》んだが、とりわけその家の子どもはひどく怖がって、用事をいいつけても外にも出ない有様だった。

最近では某家の息子が酒を買いに出た帰り道に光る玉に遭遇《そうぐう》したので、息せき切って家のなかに入るや否や、倒れて意識を失ってしまったそうである。

まったく莫迦らしい話だが、同地ではこの幽霊話で持ちきりなのだそうだ。

明治四十一年一月六日の記事。

上高井郡須坂町（現在の須坂市須坂）において、このところ不気味な噂話が流れているという。

同町に住むある男が、先日、新町の某質商より古布団を買い入れたが、男の妻がその布団で眠っていると、「姉ッ、暖かいか、暖かいか」と、そんな声を聞いた。

翌朝、そのことを夫に話してみると、そんなものは勘違いであるから今夜は自分が使ってみようといって、その布団で寝てみたところ、丑三《うしみ》つ時に「兄ッ、暖かいか、暖かいか」と前の晩に妻がいっていた通りの声を聞いたので吃驚してしまった。

不審に思った男は翌日早々に布団を破り、仔細に調べてみると、どうしたことか、上側は新しい綿だったが、内側はくたびれた古綿で、ことごとく真っ赤な血潮《ちしお》に汚れている。なんだこれは、とよく見ると、切断したひとの親指らしきものが二本、綿のなかに紛れていた。

あまりのことにすぐに警察署に届け出たが、すぐに周囲の噂になってしまい、巷《ちまた》では怪談話のように語られているとのことである。

大正元年十二月三日の記事。

更級《さらしな》郡（現在の長野市及び千曲市の一部）北部の一村落に某という穀《こく》商が住んでいた。暮し向きもよく、父母と妻と弟と妹、それに子どもがひとりの、都合七人の賑やかな家で、なにひとつ不自由なく、ときどき笑い声も聞こえてくるほど円満な家庭だったが、ある日、弟がふとした病で亡くなってしまった。

家族の悲嘆は例えようもないほどで、とりわけ母親の悲しみは非常なものだった。それが元で母親は一気に衰弱し、さほど日が経たないうちに帰らぬひととなった。不運は続くもので、まもなく戸主も死んでしまった。それに続き、父親も病の床に就くようになった。

残された妹と嫁の嘆きは端から見ても気の毒なほどで、世間のひとたちもなんという不運な家だろうと同情した。

ふたりは泣きながら父の病気が一日も早く快復するよう神仏に祈願し、甲斐甲斐《かいがい》しく日夜看護に当たっていた。

そんなある夜のこと。

ともに疲れていることだし、ふたりで付いている必要はないだろうと、話し合いのうえ義姉である嫁が先に床に就くことになった。妹が父の看護に当たっていると、今寝たばかりの義姉の床のほうから呻《うめ》き声が聞こえてくる。

妹は訝りながら義姉の床に行って、「義姉《ねえ》さん、義姉さん」と呼んでみたが、なんの返答もない。

よく寝ていらっしゃるのかと揺り動かしてみたが、返事をしない。口と鼻に手を当ててみると、愕きのあまり尻もちをついて、声を出すこともできなかった。

つい先ほどまでお互いに不遇を嘆きあった義姉が、僅か十分かそこらの間に黄泉《よみ》のひとになろうとは思いもしなかったのだ。

義姉の急死を知った近隣のひとたちが家に来て、どうするこうすると相談していると、病み惚《ほう》けた父親も、その翌夜に後を追うようにして死んでしまった。

妹と子どもは死骸に取りすがり、声の嗄《か》れるまで泣いた。一日に棺桶をふたつ並べ、泣きながら野辺の送りを済ませたのだった。

僅か一年足らずの月日のうちに父母に戸主、兄、義姉の五人を失った一家はどんなに淋《さみ》しいだろう。

妹は他家に養子に行くことが決まっていた。一家に残るのはたったひとり、まだ僅か六歳になったばかりの子どもだったが、この哀れな話を聞いた縁故のある家に引き取られることになった。

家は空き家となったが、ほどなく教員の内山というひとが借りることになった。しばらくの間はなんの話もなかったが、誰いうとなく、あの家には化け物が出るとか幽霊が出る、人魂を見たなどと噂されるようになった。

そんな莫迦な話が、と冷笑する者もいたが、怖がるひとのほうが多く、ついには住んでいる先生までも気味悪がって、ほんの小さな物音や鼠《ねずみ》が動き回る音にもびくびくするようになり、我慢しきれずに他へ転居してしまったそうである。


大正二年十二月三日の記事。

先頃、善光寺門前に店を構える大門町《だいもんちょう》（長野市長野大門町）の蕎麦屋の女中が、つい出来心から同店に来た客の置き忘れた財布を盗み隠したことが判明し、すぐに近隣の巡査派出所に召喚《しょうかん》されて、その不心得を諭《さと》されているうちに自分の犯した罪を後悔し、死んで罪を償《つぐな》おうと、巡査の隙を窺《うかが》ってすぐ横の井戸へ身を投げて死んだことがあった。

その後、女中を諭した某巡査が当番で派出所にいると、丑三つ時にどこからともなく女の唸り声がするのをかすかに聞いた。

初めのうちは気にしていなかったが、当番の夜になると、必ずその怪しい唸り声が聞こえ、同時に何者かに襲われるような、恐ろしい感じがして仕方がなかった。

思いきって同僚たちに話してみると、そんなことがあるわけないだろうと否定する者もいたが、そのなかにはやはり唸り声を聞いたという者も何人かいた。

その声は女中の飛んだ井戸の辺りから聞こえてくるそうで、この頃は同所詰の巡査は凄まじい唸り声を毎夜のように聞かされるという。

女中を諭した某巡査は、近頃、屋代《やしろ》署に転勤したそうである。


大正七年八月十七日の記事。

数日前から長野市田所町《たどころちょう》（現在の長野市三輪《みわ》）淀ケ橋《よどがはし》付近の民家で誰も来た形跡がないのに勝手道具の鍋や釜、俎板《まないた》、包丁などが庭に放り出されている不思議な事件が起き、ひとびとを愕かせている。

当初は何者かによる悪戯と思われたが、同様の出来事は頻繁《ひんぱん》に起き、また一軒だけでなく、四、五軒に亘っているので気味が悪くなり、ある物好きが易者に見てもらうと、以前その付近には稲荷《いなり》の祠《ほこら》があったが、今では合祀《ごうし》されてそのままになり、誰ひとり祀ってくれないので、そこに棲んでいる稲荷様が祟っているというのだった。

早速神官を招いて祈祷をしたが、それでも奇妙な現象は収まらなかった。以降も毎日のようにその現象は繰り返されているが、紛失した品物はひとつもないそうである。


大正十五年八月十五日の記事。

南佐久郡臼田町《うすだまち》稲荷山公園のひと抱えもある松の大木に、藁《わら》人形を当てて五寸釘《ごすんくぎ》を打ち込み、男を呪う恐ろしい女がいたが、この松の老木は釘疵《きず》のため、ついに枯死してしまった。

小さな釘疵から松の大木が枯れてしまったことから、松が男の身代りになったのだと、ひとびとはいっているが、公園の風致上、町では大変に残念がっている。


大正十五年九月十四日の記事。

南安曇郡三田村田尻区（現在の安曇野市堀金三田）の氏神諏訪明神付近に、最近毎晩のように幽霊が出るとの噂があり、同地一帯はこのところ夜になると、ひと通りがない有様である。

氏神付近に某（四十五）という男が住んでいるが、ふたりの子どもがいるのに妾をふたりもつくり、そのうえ義弟の負債をたくさん背負いこんでいるそうだ。

その義弟も同家に入り込んでいるという家庭の諸事情から、某の妻はこれを苦にして精神に異常をきたし、名古屋方面の病院に入院治療していたが、その甲斐なく先月末に死亡した。

これによって妻の亡霊が付近に現れて不甲斐ない亭主を呪っているのだと近隣では噂されている。

髪を振り乱した中年の女が、某の家の門扉《もんぴ》に佇むのを見かけた女は、腰を抜かして桑畑のなかに夜を明かし、ある男は命からがら逃げ帰ったが、夜中に魘《うな》された。

さらに豊科郵便局の電報配達人は一日夜十一時頃、同所で髪を振り乱した女の幽霊を目撃し、吃驚して配達もせずに逃げ帰ったそうである。

大正十五年十月二日の記事。

去る二十九日午前四時頃、南佐久郡田口村（現在の佐久市南東部）の柳本病院の表戸を叩きながら、

「私は臼田町の某の家から来た者ですが、病人が大変病んでおりますので、すぐに来てくださいませんか」

という女の声が聞こえ、院長の柳本氏が同家に訪れてみると、病人は四時頃に死亡していたが、家人は皆熟睡《じゅくすい》しており、誰も知らせに行った者などいないというのだった。

病人は某の二女（二十四）で、産褥《さんじょく》熱で三週間前から床に就いていたが、心臓病を併発して死んだもので、三十日に葬式を営んだが、まったく不思議な実話として評判である。

昭和二年一月七日の記事。

伊那市にある伊那連合事務所の宿直室で、毎晩一時頃になると異様な唸り声が聞こえてくるので、宿直員たちは皆怖がっているという。

その声はちょうどモーターサイレンのような音だが、深夜にそのようなものが鳴るはずがない。声なのか音なのかわからないが、正体不明ということで関係者たちは首を捻るばかりとのこと。

その事務所は郡役所時代に郡長や上席など、在職中に亡くなった者が多数おり、また郡役所が廃止されて建物も寂《さび》れてしまったため、亡くなった者たちの魂が彷徨っているのではないかと、皆びくびくしているそうである。

昭和四年三月二十八日の記事。
上伊那郡南箕輪村《みのわむら》久保区上方西天龍水路付近の山林中に昨年八月頃、隣国の外国人が藁で家を造って住んでいたが、近頃空き家となっていたところ、最近幽霊が出るという話が広がり村人を脅《おびや》かすので、二十六日の夜、同区の屈強な青年数名が、そんな莫迦な話があるわけなかろうと実見に向かったが、家のなかを探索中、蓬髪《ほうはつ》の物凄い形相をした女が突然現れたので、皆恐れをなして逃げ帰ったとのことである。

昭和七年七月十四日の記事。
上伊那郡高遠町《たかとおまち》字に住む某の養母（七十一）が今月九日、かぼちゃ棚に麻縄《あさ》を吊るして縊死をはかり、死にきれず更に下を流れる田用水路に飛び込んで自殺をはかった事件は、当時、報道した通りだが、死に至った原因は家人の虐待によるものとの噂が全町に広まったため、高遠署でもこれを捨て置けず、再び調査をしてみたところ、言語に絶した虐待事実が判明した。

事件の主人公である某は葬式の翌日である十二日午後三時頃、誰にも告げずに家を出たまま帰宅しないので、町内の者たちが十三日午前中、同家に集まり、協議のうえ自殺してはいないかと二十余名で手分けして付近の山や河川を捜索したが、発見することができなかった。

その妻も良心の呵責《かしゃく》に耐えかねたのか、あるいは日頃のヒステリーが昂《こう》じたためか、昏倒《こんとう》して意識不明に陥《おちい》っているため、同町の医師が現在手当にあたっている。

調べによると、この夫婦は養母を二階の物置同然の部屋に押し込み、板の間に筵《むしろ》一枚を敷いただけで、三度の食事もろくに与えず、一日に一個のむすびを子どもに運ばせていたが、このため一日中空腹が続き、幽霊のように痩せこけて、近所に食べものを求めて歩くことも度々あったようだ。

狭い高遠町では、数日来この話で持ちきりだという。

夫は家出、妻は瀕死《ひんし》とあり、死んだ婆さんの怨霊の祟りに違いないといって、我がことのように町民たちは恐れ慄《おのの》いている。

バーベキューをする家族（飯田市）

県南部の中心都市である飯田市は古くから食肉文化が盛んで、現在でも多くの焼肉店が軒《のき》を連《つら》ね、季節を問わず多くの客で賑わっている。

人口一万人当たりの焼肉屋店舗数は全国一といわれ、コンビニエンスストアの数よりも多いのだという。市内には焼き肉用の肉の自動販売機まで設置されているそうだ。

主婦のE子さんは、十年ほど前に愛知県豊田市から長野県飯田市に引っ越しをしてきたという。

平成二十六年（二〇一四年）二月中旬の、ある日のこと。

前日から関東甲信越地方全域に大雪が降り、南信にある飯田市もその例外ではなかった。引っ越してくる前、飯田市は信州のなかでは比較的雪が少ないと聞いていたので、その日の雪嵩《ゆきかさ》にE子さんは愕いたが、明治二十九年（一八九六年）の観測開始以来、最高の積雪量だというので、今年は特異な気候なのだと諦めるしかなかった。

その日は家に籠《こも》りたかったが、どうしても出掛けねばならない用事があり、暖かい格好をして外出した。

外は一面の銀世界で、駐車された車や商店の看板も殆ど雪で埋まっているため、普段とは街の様子が一変している。

雪かきは大変だけど、これはこれで素敵かも——そうE子さんは思った。

かろうじて歩道はひとひとりがようやく歩ける程度に雪が除けられていたので、足元に注意しながら歩を進めていく。普段歩くことのない住宅街に入り、ある家の前に来たとき、信じられない光景を目の当たりにした。

しんしんと雪が降っているというのに、家の庭でバーベキューをしている家族がいるのだ。

三十代半ばとおぼしき夫婦と小学生ほどの兄妹の四人家族が、愉しそうに食事をしているのである。

女の子は母親の膝にもたれたり、父親の背中に抱きついたりしてはしゃいでいる。小学校高学年ほどの兄のほうはトングを手にして、肉を焼きながら火加減を細かく気にしているようだった。

最近、冬にバーベキューをするウィンター・バーベキューなるものが流行っていることはなにかの本で読み、知ってはいた。だが、それはあくまでも冬の季節に行うというだけで、こんな大雪のなか、屋根もないような場所で食事をするとは常軌《じょうき》を逸《いっ》しているとしか思えなかった。

それも大人だけではなく、まだ小さな子どももいるのだ。

おかしいのはそれだけではない。

愉しそうに食事をしているのに、なぜかその声が少しも聞こえてこない。それにバーベキューの肉の焼けるにおいもまったく漂っていなかった。

すぐ眼と鼻の先にいるというのに、である。

強い違和感をおぼえたが、あまりじろじろ見るわけにもいかず、ひとを待たせているので先を急がねばならなかった。

用事を済ませて帰ってくる途中、再び例の家の前を通りかかると、食事が終わったのか、庭には誰も出ていなかった。バーベキューコンロなどの器材も見当たらない。

しかし、あれからせいぜい三十分ほどしか経っていない。火の起きた炭もあるのだし、そんなに早く片付けることができるだろうか。

よく見れば、家の玄関前は大量の雪で覆われていて、先ほど家族がデッキチェアを広げていた庭は高さ六十センチは超えていそうな雪が積っている。

雪かきもせずにこんな状況でバーベキューなどできるはずがない。だが、たしかにここで家族は談笑しながら食事をしていたのだ。

と、そのとき、E子さんの脳裏に先ほどの情景が鮮烈に浮かんできた。

家族は誰も防寒着を着ていなかったのだ。

全員が半袖のTシャツにショートパンツといった真夏のような服装をしていたことを卒《そっ》然《ぜん》と思い出したのである。

そこはかとない違和感の原因はそれだったのではないか。

しかし、なぜそのとき時節に合わない格好であることに気づかなかったのだろう。

それは家族の誰もが少しも寒がっておらず、まるで炎天下にでもいるかのようだったからではないのか。

そんな見間違いは普通ありえないが、家族の様子があまりにも自然なので、なにかがおかしいとは感じたものの、そのときには、はっきりとわからなかったのかもしれなかった。

なんだか妙なものを見てしまった――。

しばらくの間は腑に落ちない気持ちでいたが、その出来事も日が経つにつれて徐々に記憶から薄れていった。それでも時折、あれはなんだったのかと、なにかの拍子にふと思い出すことがあった。

半年ほど経った頃だった。

朝刊の折り込みチラシをなにげなく眺めていたE子さんは、不動産屋の広告に載っている売り物件と書かれたある家の写真にふと眼が止まった。

正面から撮影されたその外観から、冬に見たあの家ではないかとE子さんは思ったのだ。

もっとも、あの日は雪が深かったので、絶対にそうだという確信は持てなかったが、なんとなく処分することができず、チラシを取っておくことにした。

数日後、同じ市内に住む友人がE子さんの家に遊びにきて、お茶を飲みながら話しているとき、ふとあのチラシのことを思い出した。友人の家が、例の家の近くだったからだった。

抽斗《ひきだし》からチラシを取り出して友人に見せてみると、

「これって、あそこの家じゃない、うちの近くの。もうそうね、かれこれ十年くらい空き家になっているんじゃないかしら。たしか若い夫婦と小学生の男の子と小さな妹さんがいたんだよね」

それはあの日に見た家族構成とまったく同じだったが、友人のいうそれは、十年も前のことなのだ。

友人いわく、家を新築して数年ほどしか住んでいないのに、なぜか引っ越しをしてしまったようで、ある日を境に見かけなくなったというのだった。

暖かい季節になると、その家族が庭でバーベキューをしているのをよく見かけ、友人は一度その家の前を通りかかったとき、

「どうです、一緒に食べませんか?」

そういって誘われたことがあったという。

公民館（東信地方）

東信地方のある町に住む六十代の男性Bさんの話である。

今から五年ほど前にBさんは町内会の役員をしていたが、秋に毎年恒例の文化祭を行うことになった。

Bさんは執行部だったため、準備に大わらわだった。前日になっても終わらない作業が残っていたので、夜遅くまで公民館にひとりで残っていた。

公民館は昭和四十年頃に建てられた平屋の建物で、風呂こそないが、それ以外のものは普通の一軒家のように揃っている。

ふと見上げると、長押《なげし》のところに竣工時の白黒の記念写真が飾られているが、そこに写っているのは当時の町内会の老人ばかりで、皆とっくに亡くなっているものと思われた。

夜の十二時を廻った頃のこと。

がらがらがら、と玄関の引き戸が開く音がしたと思ったら、ごめんください、と高齢とおぼしい女性の声が聞こえた。

こんな時間に誰だろうと、慌てて玄関に向かってみると、腰の曲がった老婆が立っている。が、見たことのない顔だった。

町内会に加入している家は三百世帯ほどあるが、老人のいる家庭は熟知していたし、その顔や名前もすべて把握していた。ほんの数軒、加入していない家もあるにはあるが、それらは若い夫婦ばかりで老人はひとりもいなかったはずである。

「こんな時間に電気が点いていたから、どうしたのかと思ってね」

そう老婆がいったので、

「いやあ、明日文化祭なんですけど、準備が終わらなくて。どうにかして片付けないと帰れないんですよ」

苦笑いを浮かべながらBさんがそう答えると、

「そりゃあ大変。ね、寒いでしょう？　お茶を淹れてあげるわ」

そういうと、老婆はいつのまにか玄関を上がって廊下を歩いている。

後ろをついていく形で台所に行くと、早速やかんに火を掛け、勝手知ったるように流しの扉を開けて茶筒を取り出し、急須《きゅうす》に茶葉を入れている。

「失礼ですけど、ここの町内会の方ですか？」

Bさんがそう尋ねると、

「そうだよお。何年ここに住んでいると思ってるの。三班の〇〇よ」

が、老婆のいう苗字の家など一軒も存在していない。それに区域を「班」で呼ぶ制度は何十年も前になくなっており、現在は「組」が使用されている。

地域の高齢者のなかではいまだに「班」を使うひともいたが、聞いたことのない苗字というのがどうにも引っ掛かった。

老婆は手際よく茶を淹れると、年中出しっぱなしの炬燵《こたつ》に持っていって、

「さあさ、お飲みよ。ね、寒いでしょう」

そういってBさんを促す。ええ、と仕方なく同じように座ると、Bさんが茶を啜るのをじっと見つめていた。

すると突然、老婆は立ち上がって、長押の写真のほうに近づいていく。

「これね、懐かしいわ。ここができたときの写真。ほら、この真ん中に写っているのがうちのひと。このとき主人は町内会長をやっていたから。でもね、ここが建った翌年に亡くなっちゃったのよ」

すると、また知らぬ間に老婆は玄関のほうに向かって移動している。

「帰ります。くれぐれも戸締まりと火の元だけは気をつけて」

そういうと、玄関の引き戸は開いていないにもかかわらず、外の闇にとけ込むように消えてしまったので、上がり框《かまち》のうえでBさんは固まったようになってしまった。

老婆は写真の真ん中の男性が自分の夫だといっていたが、どう見てもその当時で八十歳は優に超えていそうな老人だった。妻は多少年齢が下であったとしても、現在なら百二、三十歳以上にはなるはずで、そんな高齢者はこの地域、いや日本中探してもいるわけがない、とBさんはいう。

また同じ町内会に加入しているUさんは、十年ほど前に先のBさんと同じように役員を務めていたが、冬のある日、烈しい夫婦喧嘩をして家にいられなくなったという。

外は寒いうえに行くところがない。

それで仕方なく公民館に逃げ込んだそうだ。ここならば電気は通じているので、暖をとることができる。

しばらくは炬燵に入って、なにをするでもなくぼんやりとしていたが、夜も遅くなってくると次第に眠たくなってきた。

炬燵に入ったまま眠ってしまったら、風邪をひいてしまう。

と、そのとき、押入れのなかに布団があったことを思い出し、襖を開いてみたら古めかしい柄の布団がひと組積まれていたので、引っ張り出して敷いてみた。

早速横になってみると、強烈な黴《かび》のにおいがしたが、うつらうつらとしているうちに眠りに落ちていた。

ところが。

二時間ほど経った頃だろうか、突然、躯が硬直したようになり、身動きがとれなくなってしまった。

すると、不思議なことに自分の躯が天井に向かってゆっくりとせり上がっていく。それも仰向けで寝ていたはずなのに、なぜかうつ伏せの状態だった。

下を見ると、布団のうえに誰か横になっている。

あれは自分なのか——と、そう思ったが、どう見ても違う。布団で眠っているのは、短く刈った総白髪の、瞼《まぶた》の落ち窪んだ老人だった。

「あの夜のことは、それきり覚えていなくて。気づいたらもう朝だったからなあ。すぐに布団を畳《たた》んで押入れにしまったけど、昨夜の出来事はきっと夢でも見ていたんだろうと、そう思っていたんだけどね——」

後にあるひとから聞いたところによると、昔は今ほど葬儀場がなく、家で葬式ができない場合、公民館で行うことが時折あったというのだった。

「押入れに入っていたのは、仏さんを寝かせていた布団だったんじゃないかと思うんだよね」

そうUさんは語る。

ちょっと、きみ（松本市）

松本市の丸の内地区は国宝松本城を含む周辺地域の町名だが、市役所や裁判所、市立博物館や日本銀行松本支店などの官公庁の集まるエリアとして発展している。

松本市内の高校に通うB君の話。

B君の学校は、丸の内地区の北側の、国立大学や各種学校が建つ文教エリアにあるという。

二年前の夏の夕方、自転車通学をしているB君は、部活帰りに丸の内地区のある交差点で信号待ちをしていると、

「おい、ちょっと、きみ」

突然、背後からそう呼ばれたので、えっなんだろう、と振り返ったが誰もいない。空耳《そらみみ》だったかと前を向いたが、そのとたん、

「きみ、ちょっと、きみ」

たしかにそう聞こえたので、再び後ろを向いてみたが、やはり近くにひとの姿はなかった。

周囲を見廻しても遠くに走る車が見える程度で、ひとの気配などないため不思議でならなかった。

信号が青になり自転車を漕ごうとしたところ、なぜか少しも前に進まない。見えないなにかがハンドルの前に立ち塞がって、逆の方向から押さえ込んでいる——そんなふうにしか思えなかった。

いったい、どうなっているのか。

すると、今度は自転車のタイヤの空気がみるみるうちに減っていく。両輪ともに、である。

あげくには走行不能なほどぺちゃんこになってしまったので、これは困ったなと自転車から降りた。押して帰ろうかとタイヤを見ると、どうしたことか、空気が元に戻っている。その間僅か一、二秒ほどしか経っていない。

ますます訳がわからない。

信号を見ると赤に変わっていたが、その場に自転車を放るように置くと、道路を走って渡った。逃げるようにして自宅へ帰ったという。

翌朝になって自転車を取りに行ったが、入学祝いで買ってもらったばかりの最新型だったので、誰かが持ち去ってすでに無くなっているものとB君は半分諦めていた。

ところが、昨日の夕方のまま、横になった状態で交差点の歩道に置いてあったそうである。


公務員のDさんの話。

五年前の年末の、ある夜の出来事だという。

その日は友人たちとの忘年会に出席するため、繁華街の居酒屋へ急ぎ足で向かっていた。ライトアップされる松本城を横眼に歩いていると、

「おい、ちょっときみ、まちたまえ」

背後から突然そんな声が聞こえたので、立ち止まって振り向いてみたが、声を掛けてきたようなひとなど、どこにもいない。

気のせいかと思い、再び歩き出したが、しばらくすると、

「きみ、ねえ、ちょっと――」

やはり誰かが呼び止めている。すぐに振り返ってみると、ヒトガタをした白い靄《もや》のようなものが歩道のうえに立っていたので、Dさんは吃驚して言葉を失った。

後ずさりしながらその場から離れようとすると、白靄は滑るように移動し、Dさんのす

ぐ眼の前で忽然と消失した。

「過去に一度だけそんなことがありました。似たような経験をしたことがないかと同僚にも訊いてみましたが、そんなことあるわけないだろうって、散々笑いものになりましたよ。でも——」

後日、酒の席で上司にその話をしたところ、ちょっと待てよ、といって、なにか考え込んでいる。すると、スマートフォンを取り出して、しばらく弄《いじ》っていたかと思うと、

「あったあった、これ見てみろよ」

そういいながら画面を見せてくる。

昭和六十年に松本市丸の内地区で陰惨な殺人事件が起きたという記事だった。

警ら中の警察官に職務質問された若者がバイク盗《とう》の発覚を恐れ、突然、刃物で襲いかかったのである。必死の抵抗もむなしく、若者の執拗な攻撃によって殉職《じゅんしょく》したという。

自動車教習所（長野市）

信州は県土が広いため、移動の足として使われるのは主に普通自動車である。

平成三十年度版「一般財団法人　自動車検査登録情報協会」調べによると、登録台数は全国四十七都道府県のうち第十四位（一位は愛知県）だが、世帯あたり台数は第七位（一位は福井県）、一人あたり台数では第六位（一位は群馬県）に位置しており、後者のふたつは一位と僅差である。

自動車教習所は県内各地にあるが、最近は若者の自動車離れもあり、一時期のような予約が取りにくい混雑さはないようだ。バカンス気分で合宿免許が受けられる教習所もあり、他県のひとたちにも人気だという。

十五年ほど前のこと。

当時、長野市内の大学に通っていたMさんは、キャンパスから一番近い自動車教習所に通っていた。そこであれば講義の空き時間にも行くことができるので、都合が良かったのだという。

無事に仮免許も取れ、何度か路上教習を受けていた頃のこと。

その日、担当になったのは三十代半ばほどの、初めて当たる男性指導員だった。年輩の指導員には居丈高《いたけだか》な者が多かったが、その男性は物腰が柔らかく教え方も丁寧《ていねい》だった。

だが、路上を走っていると、時折、落ち着かない様子で周囲を見廻している。

歩行者や自転車などの危険回避のために見ているのかと思ったが、ひとの往来も少ない、見通しの良い場所なので妙だなと感じた。

規定の経路を走り終えて、教習所に戻ってきたときだった。

最後に教習所内のコースの外周を回っていると、突然、急ブレーキが掛かって車が止まった。ブレーキを掛けたおぼえはないので、隣の指導員が補助ブレーキのペダルを踏んだようだった。

特にミスはしていないし、周囲には誰も歩いていない。

いったいどうしたのかと思ったら、指導員はなにもいわずにギアチェンジとハンドブレーキを引き、ドアを開けて外に出ていってしまった。

右手を上げて、誰かを呼ぶような仕草をしながら植え込みのほうに歩いていく。

Mさんは困惑したが、教習所のなかとはいえ後続車が来ると危ないので、習った通りにハザードランプを点灯させた。

再び指導員のほうを見ると、誰かと話をしている。同じ制服を着た、少し年嵩《としかさ》のベテランといった風貌の中年男性だった。

なぜ指導中に勝手に車を停めて出ていったのか、Mさんにはまったく理解ができなかった。

少し腹を立てながらふたりを見ていると、あろうことか、ベテラン風の指導員の姿が忽然と消えてしまった。そのことに担当の指導員も少し愕いている様子だったが、すぐに小走りで戻ってくると、

「ごめんごめん。とんでもないひとに会っちゃったもんだから。いや、本当にありえないんだよ」

と、そんなふうにいっている。

「あの年輩の教官ですか？　でもどうしてだろう、僕には突然消えたように見えましたけど――」

そう答えると、指導員は吃驚したようにMさんのことを見た。

そして、君にも見えたのか、と呟いた。

車庫に車を入れた後、指導員は教習原簿に印鑑を押しながら、

「なかなか信じてもらえないんだけど、僕はそういうもの――つまり、幽霊が見えてしま

うんだ。そのせいで過去に死亡事故が起きた場所を通るときは、すごく緊張してしまってね。路上だけじゃない。この教習所のなかでも時折見ることがあるよ。生徒さんの場合もあるし、かつてここで働いていたひとも。さっき僕が話していたのは、二年前に病気で亡くなった先輩でね。面倒見のいい大好きな先輩だったから、つい嬉しくなっちゃって。まるで生きているみたいだったから一方的に話し掛けたんだけど、なにも答えずに消えちゃった。いや、今日は君に迷惑をかけてしまったね」

そういって謝られたそうだ。

その指導員によると、教習所の広大な敷地を造成する際に古い墓地をいくつか潰したらしいとのことだった。

墓地は他の霊園に移動させればいいが、戦国時代やもっと古い塚もこの辺りには多くあり、きっと知らずに削り取ってしまっているのではないかと指導員はいった。

そのせいか、雨の日など湿度の高い日には、教習所全体に霊気が立ち込めていて、時間帯にかかわらず幽霊を目撃してしまうことがあるというのだった。

夫の実家（東筑摩郡）

安曇野市に住むY美さんの話。

Y美さんは十年前に結婚したが、夫は東筑摩郡筑北村《ちくほくむら》の出身で、まだ交際していた当時に相手の実家へ挨拶に行ったことがあった。

旧家と聞いていたので古い邦画に出てくるような広壮な屋敷を想像していたが、訪れてみると、都市部にあるようなモダンな住宅で、大きさも思っていたほどではなかった。

ただ門構えは立派で、Y美さんの実家の五倍はありそうな大きな庭があり、隅のほうには古色蒼然《こしょくそうぜん》とした蔵が建っていた。

夫は愕いているY美さんの心のなかを察したのか、

「僕が子どもの頃に住んでいたのは、大きいだけがとりえの古い家でね、あっちこっちガタがきていて掃除も大変だったから、二年前に母屋だけ建て替えたんだよ」

と、そういった。

緊張しながら両親に挨拶をしたが、ふたりとも温かく歓迎してくれたのでY美さんは安堵した。

もてなしも手厚く、次から次へと洋菓子や食べ切れないほどの料理が運ばれてくるので、恐縮してしまった。

「若いひとにあんまり堅苦しいことはいいたくないんだけど、せっかくだからご先祖様に挨拶《あいさつ》してくるといいわ。ほら、あんたもめったに来ないんだから、お仏壇のところに行って拝んできなさい」

母親にそう促され、夫と一緒にY美さんは仏間へ向かった。

六畳ほどの部屋の奥に豪華な仏壇が据えられていたが、そのうえの鴨居《かもい》のところにずらりと夫の先祖の遺影が並んでいた。こんなに飾られている仏間など見たことがない。見つめられているようで、なんともいえない威圧感がある。

今この家のなかで自分だけがよそ者なのだと思うと、俄かに緊張を強いられたが、ふたりで仏壇の前に正座をし、焼香をあげて手を合わせると、そんな気持ちも次第に和らいでいった。

それから半年ほど経ったある日のこと。

夫との会話の流れで実家に行ったときの話になった。

「あのお仏壇すごく立派だったよね。遺影の写真もたくさんあったし、新築の家だけど、さすが旧家って感じだった」

Y美さんがそういうと、

「昔の家に合わせて作った仏壇らしいから、あの部屋には大きすぎるよな。ああいうのって、なかなか買い替えたりしないからさ。でも、遺影ってなんのこと？　たしかに前の家は遺影が仏間に並んでいたけど、部屋が小さくなっちゃったもんだから、飾れないからって蔵のなかに全部仕舞い込んだはずだよ」

首を傾《かし》げながらそういった。

そんなことをいわれても見たのはたしかなので、絶対にあったとY美さんも言い張り、少し口論のようになった。

「わかった。それじゃ俺が実家に電話して確認してみるよ」

そういって夫が電話を掛けると、母親が出たようだった。

近況報告をした後、それとなく遺影について尋ねてみると、やはり夫のいうように蔵のなかにすべて仕舞い込んでいるというのだった。家を新築してからは一切外に出していないというのである。

電話を切った後、ほらね、といって夫は笑ったが、どうしても納得することができなかった。

「私、本当に見たんです。遺影の数も十くらいあったというと、前の家でもやはりそれくらい飾っていたとのことでした。ただ――」

遺影を見たのは百パーセントの自信があるが、その額縁を見たかというと、そこだけ記憶が曖昧《あいまい》なのだという。

連れ去られた子ども（木曽郡）

信州は天狗《てんぐ》にまつわる地名が多く、全国二位（一位は北海道）の数だという。天狗信仰や伝説、また天狗に関する怪現象も昔から多く伝わっており、前著『信州怪談』でも「天狗談」という話のなかでいくつかエピソードを書いている。今著を記すにあたり、新たなエピソードを知ることができたので、ここに紹介してみたい。

これもまた実際に信濃毎日新聞で報道された紛れもない事実談である。


大正五年（一九一六年）の出来事だという。

七月二十二日の夕方六時ごろ、木曽町宮ノ越《きそまちみやのこし》付近の線路のうえを、

「お父さん、お父さんッ」

と泣きながら藪原《やぶはら》のほうへ走っていく小学生らしき男児がいるのを、日義村《ひよしむら》元助役のKさんは目撃した。

なにごとかと呼び止めてみると、自分は甲州（山梨県）の甲府の者だと答えた。

まさかそんなところからひとりで来たわけではなかろうと、付近を見廻してみたが、大人の姿はひとりもない。履いている麻裏の草履《ぞうり》は新品といっていいほど綺麗なもので、太い小倉《こくら》の緒には少年の名前が太筆で書かれていた。

子どものこととあって小学校の教員に相談したほうがよかろうと思い、男児を近くの学校まで連れていき、校長と引き合わせてみた。

すると、やはり男児は町の子どもではないというので、校庭にある眺望台に立たせ、どこから来たかと問うと、山の方角を指差す。

学校はどこか、と尋ねると、甲府師範《しはん》付属だという。では校長先生の氏名は、と訊くと、苗字も名前も正しく、なにひとつ嘘をついていないと思われた。

すると男児は、

「家はこの近所だろうから、線路を伝っていけばきっと帰れます」

そういって、再び駆け出そうとするが、もし本当に甲府の子どもだとすれば、ひとりで徒歩でなど帰れるはずがない。

紺の絣に付属の帽子を被って頑丈《がんじょう》そうな子ではあるが、まだ十歳ほどであるし、そうしている間にも「父さん、母さん」といって泣き始める。

校長とKさんは、甲府の学校に知らせたほうがいいだろうと、電報でこういった子どもがいて保護している旨を送ったところ、翌日早々に両親が飛んでやってきたが、父親の語る、こうなるに至った経緯は、とても信じられないものだった。

男児は甲府市にある師範付属小学校に通う尋常三年生だという。

七月二十二日の昼ごろ、息子の姿が見えないので、どこかへ遊びに出ているのかと思っていたが、昼食の時間を過ぎても帰ってこない。それで二時頃から騒ぎ出し、隣家の太郎という子に尋ねてみると、天王山へ花を摘みに一緒に出掛けたが、遊んでいるうちに急に眠たくなり、眼が覚めたらひとりになっていた。大きな声で呼んでみたが返事がないので、先に戻ったものと思い、自分だけ家に帰ってきたというのだった。

それで天王山を隈なく捜索してみたが、一向に見つからないので父親たちは絶望していたというのである。まさか国を越えた信州の木曽にいるとは思いもよらなかったといい、両親は心底安堵した様子で息子とともに郷里へ帰っていった。

男児の身にいったいなにが起きたのだろうか。

当人の語るところによると、太郎とふたりで花を摘んでいるとき、ふとぼんやりと夢のなかにいるような気持ちになったが、その後はまったく覚えておらず、気づくと見知らぬ土地の線路のうえを歩いていたというのだった。

しかし、まだいたいけな子どもがいくつもの山を越えて二十里も三十里も、たったひとりで歩けるとはおよそ考えられない。

男児は性格もおとなしく勉強も普通並の出来で、とりたてて変わったところのある子どもではないという。これがもし不良少年であれば、貨物列車のなかに隠れて旅行を企てることもあるかもしれないが、そんなことをするとはとても思えない。

たとえ列車に乗ってきたとしても、正午から六時までの間に木曽に来られるわけがなく、到底ありえない話だった。それにその距離を本当に歩いたのであれば、草履がぼろぼろになっていそうなものだが、なんの傷みもない、新しいままだったのも説明がつかなかった。

きっとあの子は天狗にさらわれたに違いない――両県の関係者たちは皆、そんなふうに噂したそうである。

狢の怪（信州各地）

狢《むじな》という動物は基本的にアナグマを指しているそうだが、時代や場所によってはハクビシンとも狸《たぬき》ともいわれ、はっきりとその定義は定まっていない。

狐と同様にひとを化かすといわれており、人間を何人も殺すオオムジナというものもいて、昔から恐れられているようだ。

箕輪《みのわ》村（現在の上伊那郡箕輪町）のある家の土蔵の南側に椹《サワラ》の大きな生垣があったが、夕方にここを通った者が、背の高い僧侶が首を吊ってぶら下がっているのを見た。

それが物凄まじい形相なので恐ろしくなって逃げ帰ったが、翌朝行ってみると、そんな姿はなく、縊死したひとの噂もない。

そんなことが度々あり、気味悪がって誰もその辺りを通らなくなったが、勇気を出して近づいた者の前に首を吊った入道が現れて、それが見る見る大きくなり、空いっぱいに広がったかと思うと、ほどなく消えてなくなってしまった。

人々はそれを狢の仕業だといったそうである。

また松本地方では、狐は人を騙《だま》すが、狢はそれができないので自ら化けるのだといわれている という。

狢とひとを見分けるには、会ったときにこちらから声を掛け、返事をしなければ狢とされたそうだ。

また信州各地には、雪が降ると化け物が現れるという言い伝えが多く、女形をユキオンバ、男形をユキオジあるいはユキオウジ、また深夜の大通りで一面に広がる怪物をワタボウシというが、これらの正体はすべて狢といわれたそうである。

北安曇郡白馬村の学校の教師が森という集落で酒をご馳走《ちそう》になり、十二、三センチほど雪の積もった夜道を、雪沓《ごんぞ》を履いて松川橋の近くまで来ると、先の道が何本にも分かれている。

――あれっ、おかしいな。いつもは一本道のはずだが……。

不思議に思いながらも、おそらくこれだろうという道に進んでいくと、雪はますます深くなってくる。

歩くのも困難なほどなので、これはやられたなと思った頃には、眼の前に黒々とした杉林があるため、人家からよほど離れていることがわかった。

そのとき林のなかから、木をのこぎりで挽《ひ》くような音がしてきた。とたんに薄気味悪くなったが、なぜか動くことができない。

すると次の瞬間、どしーんッ、と大木が倒れた音とともに地響きが起きたので、教師は堪らなくなって、「おおい、おおいッ」と助けを求めたが、気が遠くなって、その場に気を失ってしまった。

その夜の二時頃、下の集落で病人が出たため医者を迎えに出たひとが、林のほうから助けを求める声がするのを聞いた。

こんな時間にこのような場所でひとを呼ぶなど狢の仕業だろうと思ったが、その声にどうも聞き覚えがある。

近所のひとたちを起こして行ってみると、顔見知りの学校の先生だったので、担いで帰り、囲炉裏端で温めてやると、顔色が戻ってきて蘇生した。

翌朝、皆で林を見にいってみたが、木などどこにも倒れていない。やはり狢に化かされたのだと口々にそういったという。

あるひといわく、狢が人間を化かすときは、狐がそれをするよりも性悪《しょうわる》だという。

江戸時代の文政年間（一八一八～一八三〇年）の頃のこと。

大町下中町《おおまちしもなかまち》にある某旅館の北隣の家にひとりの女中がいたが、お産の後が悪く、ある日とうとう死んでしまった。

その後片付けも済んでまもない頃、夜毎にこの女の幽霊が出ると町内で噂が立った。

女は頭にけさをつけ（当時はお産で死ぬと頭にけさをつけて棺に入れた）、耳まで裂けた真っ赤な口に鼈甲《べっこう》の櫛《くし》を咥《くわ》え、ぎゃあぎゃあと泣く子どもを抱きながら死んだその家から現れるというのだった。

毎晩のように出るというので、どの家も夕方早くから戸を締め切って、部屋の隅のほうに集まって震えながら寝たそうだ。

ちょうどその頃、諸国を武者修行で周っていたひとりの武士が、このことを伝え聞いた。これは肝試しにはもってこいだと思った男は、この化け物を退治してやろうとその家の裏にあった空き家に身を隠した。

すると深夜になって、噂通りに物凄い女がすうっと衣《きぬ》ずれの音を立てながら件の家から現れた。

それを見て男は、これは愉快じゃ、とひとり囁き、通り過ぎたところを突如背後から、えいッ、と斬りつけた。

女は、ギャッ、と声を上げて近くの神社に逃げ込んだ。

後を追いかけて男がそこに踏み込むと、境内の杉の大木の洞のなかから、何者かの唸り声が聞こえてきた。

力いっぱいに引っ張り出してみると、手負いになった大きな狢だったそうである。

見えてしまうひとたち（茅野市及び駒ヶ根《こまがね》市）

昭和三十年代のある秋のことだという。

北八ヶ岳で山小屋を営むYさんの元に諏訪警察署員と救助隊員が大勢でやってきたので、なにごとかと思ったら一枚の写真を見せてくる。

「北八ヶ岳で遭難者が出たようですが、なにか心当たりはありませんかね。この男性ですが――」

と、そう訊かれた。

中年の男性で見覚えのある顔だった。ちょうど一週間ほど前にYさんの山小屋に泊まり、翌日に天狗岳に向かうといっていた登山客に違いなかった。

そのことを話すと、

「いやあ、助かります。これで相当捜す範囲が狭められました」

救助隊長は礼を述べると、皆を引き連れて天狗岳のほうに向かおうとした。

と、そのとき、Yさんは昨晩見た夢を唐突に思い出した。

それは天狗岳の茅野市側にある洞窟の夢で、天候の悪いときは登山者たちが避難するのに使っている大きな洞穴だった。

そのなかに男が倒れていて、下半身だけが外に出ている夢を見たのである。

それをYさんは救助隊員のひとりに告げると、

「夢のことですか？　いや、まさかそんなことは――」

そういって笑い、それを聞いた他の隊員たちも冷笑を浮かべながらYさんのことを見てくる。

それが当然の反応であることは重々わかっていたが、そういわずにはいられなかった。

その数時間後。

遭難者の遺体が発見され、救助隊員たちが担架に乗せて山を下りてきた。

どこで見つかったのかと尋ねると、

「それがあなたのいった通りの洞窟のなかで、それも下半身が外に出ていたんですよ」

夢で見たことが現実になったことに我ながら愕いていたが、望んではいないものの救助隊員たちには感謝されるものと思っていた。

ところが、隊員たちのYさんを見る眼は意外にも冷ややかだった。

なぜだろうと感じていると、そのなかのひとりが、

「あなたが殺して、あそこに隠したんじゃないのかね」

と、そんなことをいってくる者がいる。あまりの言葉に憤慨したYさんは、

「昔から私はそういったものが見えてしまうんだ。知人が亡くなると夢に出てきたり、金縛りで身動きがとれなくなったりすることもしょっちゅうなんだよ。今回のもそれと同じで、見た夢を思い出したから、早く見つかってほしい一心で助言しただけではないか。それなのにお前が殺したなんて言い草《いいぐさ》はないだろう」

Yさんの剣幕に愕いたようで、隊員たちはそれきり帰っていったが、憤った気持ちはなかなか収まらなかった。

第一もし殺人を犯したとして、一番隠したいはずの死体の場所など犯人が教えるわけがないではないか。霊能力を誇示したいというのなら別だが、そんなことをする利点も理由もない。救助隊員たちの安直な発想と無礼さに腹が立って仕方がなかった。

この出来事以外にも、Yさんは親しい知人が死ぬとひと晩中苦しくなり、そのことで誰かが亡くなったことを知るのだそうだ。

また三日三晩ひどく苦しまされたことがあり、今度は誰が亡くなったのかと危惧していると、当時もっとも仲の良かった著名なアルピニストの顔が、突然、脳裏に浮かんだので不安になった。

すると、その翌日のこと。

なにげなくテレビを観ていると、まさにその友人がパキスタンのウルタール・サールで遭難したニュースが流れ、思わず言葉を失ったという。

中央アルプスの千畳敷《せんじょうじき》で、かつて登山者の指導に当たっていたKさんの話である。

Kさんは十三歳のときに単独で木曽駒ケ岳に登って以来、五十年以上の登山歴を誇るベテランのクライマーである。

長年、山小屋の従業員や管理人として働くかたわら遭難救助にも活躍し、引退するまでの間に五百人以上の救助に当たったという。

遭難しそうなひとや死にそうなひとに会うと、Kさんはその背後に霊のようなものが見えるそうだ。

一見、元気に振る舞っているひとでも、後ろにそれが見えると必ずその後に遭難してしまう。

「顔色が悪いから」「体調が悪そうだから」などと言葉を濁《にご》して登山の中止を促すこともあるが、いうことを聞いてくれるひとなど誰もいない。

以前には、Kさんの忠告を受けて激怒した者もいたが、数時間後に遭難の一報が入り、

現場に向かったところ、

「俺はベテランだ。あんたなんかにいわれる筋合いはない」

そう啖呵《たんか》を切った、そのひとが亡くなってしまったそうである。

また注意したにもかかわらず、やはり登っていたひとがいて、同様に遭難したそうだが、長く見つからず発見されたときには白骨化していた。

木を掴もうとしていたのか、手を伸ばした状態のまま息絶えたようで、なんともいえず哀れな姿だったという。

Kさんは背後に霊が見えるだけでなく、遭難者がどこにいるのかも薄々わかるそうだ。

おおよその見当をつけて、じっと現場のほうを眺めていると、遭難者の映像がゆっくりと頭のなかに流れてくる。場所と状況を把握し、救助隊員に指示を出すとイメージした通りにその付近で発見されるそうだ。

しかし、それもなぜか遺体だけで、生存している場合には映像は一切見えないのだという。

このふたりの人物に共通点があるとすれば、山に長く暮らす者、ということになるだろうか。やはり人里離れた高地に一定期間住んでいると、神経が鋭敏になり、普通のひとには感知しえないものが見えるようになるのかもしれない。

スナップ写真（長野市）

須坂市に住むKさんの話である。

昭和五十二年（一九七七年）のこと。

当時Kさんは小学五年生だったが、長野市にあるSダムへ社会科見学に行ったという。学年全体の行事だったが、その頃は子どもが多かったこともあり、バスを使っての大移動になった。

ダムの貯水池や各種ゲートなど様々な施設を見学し、クラスごとにまとまって弁当を広げて昼食をとった。

小学校の近くにある写真店の店主がカメラマンとして同行し、児童たちが見学する様子をつぶさにカメラに収めていた。

社会科見学を終えて数日経った頃、教室の外廊下にたくさんの写真が張り出された。

自分が写っているものを用紙に記入して購入できるようになっていたので、Kさんは十枚ほど友だちと写っている写真を買った。

注文した写真が配布されたとき、隣の席の友だちが机のうえに一枚一枚並べて、顔を近づけながら食い入るように眺めている。

なにをそんなに真剣に見ているのかと思ったら、

「なあ、こんなやついたっけ？　……っていうかさ、これ俺たちの学年じゃないよね。どう見たって低学年に見えるけど」

と、そんなことをいう。

友だちによると、購入した写真の数枚に見知らぬ男子児童、それもかなり年下としか思えない男の子が写っているというのである。

写真を見せてもらうと、たしかに見覚えのない男児が友だちの背後や見切れるように写っている。

そのうちの一枚はKさんも写っている写真だった。自分でも買っていたため、封筒から取り出してみると、やはり知らない男の子が写っている。

すると、教室の彼方此方からざわめきが起こり始めた。

「えっ、なにこの子？」

何人かの女子がそんなことをいっている。

近づいて話を聞いてみると、やはり友だちやKさんの写真に写っていたのと同じ男の子が買った数枚に写っているというのだった。それはKさんたちだけではなく、他のクラスでも同じことが起きていて、ちょっとした騒ぎになったことがわかった。

Kさんが担任の教師に事情を説明し、男の子が写っている写真を何枚か渡してみると、

「なにかの加減でそんなふうに見えてしまうだけじゃないかな。きっと同じ学年の誰かだろう」

と、そう答えたが、その言葉とは裏腹に、一枚一枚、繁々《しげしげ》と眺めながら終始首を捻っていた。

しかし、その騒動も数日のうちに皆忘れてしまったようで、誰も話題にすらしなくなった。だが、Kさんはいつまでも引っ掛かるものがあり、腑に落ちない気持ちでいっぱいだった。

それから一年近く経ち、Kさんもスナップ写真のことを忘れかけていたある日、テレビで流れたニュースを見て、吃驚してしまった。

去年、社会科見学で訪れたダムの貯水池で小学生の遺体が見つかったというのだった。

報道によると、遺体の状況から事故ではなく殺人事件と断定されたという。

Kさんより年下だが、近くの小学校に通う男子児童とのことで、まさか身近でこんな恐ろしい事件が起きるとは――と、背筋が寒くなった。

翌日、新聞に載った少年の写真を見て、Kさんは言葉を失った。

小さくて粗い画像だったが、あのスナップ写真に写っていた男の子によく似ていたからだった。見れば見るほど、そうとしか思えない。

新聞記事を切り抜いて学校に持っていき、例の友だちに見せてみると、向こうもそのことに気づいていたようで、やはり同じ意見だった。

ということは——。

ダムで撮った写真に写っていた男の子が、その場所で一年後に殺されたということだろうか。

そんなことが果たしてありえるだろうか。

それになぜ小学校も学年も違う児童が自分たちのスナップ写真に収まっているのか。

わからないことだらけだった。

家に帰ってからアルバムを開いてみると、どうしたことか、あの男の子の姿が写真から綺麗《きれい》に消えている。

そんなわけないとアルバムから写真を剥がして手に取ってみたが、やはりどこにも写っていない。

と、そのとき家の電話が鳴った。

出てみると友だちからで、あの写真を家に帰って見てみたら少年の姿が消えていた、というのだった。それも写っていた写真すべてだという。

「自分と友だち以外は、誰もそのことに気づいてなかったみたいでね。たしか話にも出なかったと思うよ。それにしても幽霊ってわけじゃなさそうだし、あれはいったいなんだったんだろうな」

子どもの頃、そんな不思議な体験をしたそうである。

墓じまい（安曇野市）

近年、墓の管理が難しいとの理由で墓じまいをするひとが増えているという。

墓じまいとは、墓石を撤去し、その墓所を更地にして使用権を返還することである。

取り出した遺骨は、寺院や霊園に永代供養を委託したり、樹木葬や散骨したりすることもあるそうだ。


安曇野市内で石材店に勤めるDさんの話である。

二年前の夏の出来事だという。

安曇野市郊外の、ある大規模な霊園内の墓じまいの仕事を請け負った。

その日、作業に当たる後輩ふたりを連れて現場に向かったところ、立派な御影の石が建つ墓で、僧侶により魂《たましい》抜《ぬ》きをしているとはいえ、本当に取り壊してしまっていいのだろうかと、ベテランのDさんでも少し心苦しくなるほどだった。

それでも仕事は仕事だ。

墓地は霊園の奥まったところにあり、クレーン車が入り込めないため、棹石《さおいし》や台座などを手作業でいくつかに割る必要があった。小さくしないと車に運べないからである。石を割るにはセリ矢という道具を打ちこむ必要があるので、横にした墓石にそのための穴を電動ドリルで開けているときだった。

「うるさい、うるさい、うるさいッ、うるさくてたまらん！」

突如《とつじょ》そんな声がしたので、慌ててドリルを止めて周囲を見廻した。

他のふたりは黙々と作業をしているのだし、第一そんな言葉をいうはずがない。霊園のなかに墓参者がいるのかと思ったが、自分たち以外にひとの気配はなかった。住宅街から離れた場所とあって近所のひとの声というわけでもなさそうである。

もっとも耳元で怒鳴《どな》られるように聞こえたのだ。電動ドリルの轟音《ごうおん》がしていたのに、である。

気のせいだったか、と再びドリルを握って動かした瞬間、

「やめてくれッ、もうでていってくれ！」

はっきりと耳元でそう怒鳴られたので、さすがに気味が悪くなった。

この仕事を始めた当初は、墓地で作業をすることに少なからず抵抗はあった。しかし、数をこなすうちにいつしか慣れてしまっていた。

陽が落ちる頃まで作業をしていることもあるが、これまで特に怖い思いをしたことはな

い。

だが、その日ばかりは真夏の炎天下だというのに、躯を動かしながらも背筋が寒くて仕方がなかった。作業着から出ている剥き出しになった腕を見ると、汗ばんでいるのにびっしりと鳥肌が立っている。

まさか信じたくはないが、あれは幽霊がいったのか――。

妙な声を耳にしたなどと後輩たちにいったら莫迦にされかねない。

Dさんは指に怪我をしたと嘘をつき、車に石を運んでいた後輩のひとりに作業を代わってもらった。

ドリルで穴を穿《うが》つ後輩をDさんは石を運びながら横眼で見ていると、急にその手を止めて、辺りをきょろきょろと見渡す。首を傾げてまた始めるが、すぐに止めて手庇をしながら周囲を眺めている。

どうやら後輩の耳にも同じ声が聞こえているようだった。しかし、後輩は声のことをひとこともいわず、ちょっと腹が痛くなりましたといって、近くの公衆便所に小走りで駆けていってしまった。

「……ったく、仕方ねえな」

そういいながら、もうひとりの後輩が代わりに作業を始めたが、先ほどの者と同じようにドリルを動かしては止めてばかりで、眉間《みけん》に皺《しわ》を寄せながら首を捻っている。

軍手を外して、自分の耳に指を突っ込んでほじる動作を繰り返していた。

やはり声が聞こえているようだった。

不思議なのは、なぜかその後輩も耳にしただろう言葉を口に出さないことだった。

その後、五分も経たないうちにドリルは原因不明の故障で動かなくなってしまった。

通常なら一日で終わる仕事だが、遅々として作業が進まず数日掛かってしまったそうである。

泣き声（東御市）

県東部に位置する東御《とうみ》市に住む主婦M子さんの話。

令和三年（二〇二一年）の春のある日のこと。

携帯電話でM子さんが友人と話していると、受話器越しに赤ん坊の泣き声が聞こえてくる。

最近、友人に初孫が生まれたことを思い出したので、

「お孫ちゃん、おうちに遊びに来ていたの？　そんなときに長電話しちゃってごめんなさいね」

そういって電話を切ろうとすると、

「いいえ、来てないわよ。私こそ受話器から猫の鳴き声みたいなのが聞こえてくるから、あなたが猫でも飼い始めたのかと思って、今それを尋ねようと思っていたところよ」

と、そんなふうにいわれた。

もちろん猫など一匹も飼ってはいない。

その間も赤ん坊なのか猫なのかわからないが、小さなかよわい生きものが、一生懸命に

自分の存在を主張している――そんな声が受話器から間断なく聞こえてくる。

「えッ、なんなのよこれ。混線かしらね。最近こんなことなかったのに、どうしちゃったのかしら――」

そういって電話を切ったが、なんだか釈然としない気持ちでその日を過ごした。

ところが、それから二日ほど経った頃のこと。

別の知人と家の固定電話で話しているとき、

「あら、M子さんお孫さんいたの？」

突然、そんなふうに訊かれたので吃驚してしまった。

受話器からは知人の声しか聞こえなかったが、電話の相手は例のあの声を耳にしたようだった。

「孫はまだいないわよ。もしかして、赤ちゃんの泣き声みたいなのが聞こえているんじゃない？」

M子さんがそう尋ねると、ええそうだけど、と困惑した様子で知人は答えた。

日は異なるが、携帯電話と固定電話の両方で混線することなどありえるのだろうか。

専門家ではないので詳しいことはわからないが、それまで経験したことのない出来事だったので、M子さんは少し気味悪く感じた。

また別の日。

自宅のリビングで洗濯物を畳んでいると、突然、消していたテレビの電源が点いた。なにかの拍子にリモコンにでも触れてしまったかと思い、立ち上がってみたが付近にはそれらしいものは見当たらなかった。

画面には昼のワイドショーが映っているが、なぜかその音声が聞こえない。音量だけを消したり小さくしたりすることはないので不思議だった。

だが、まったくの無音というわけではない。

その代りに幽《かす》かな感じで聞こえてくるのは、例の赤ん坊のような泣き声だった。

そう悟ったとたん、一気に怖くなって、慌ててリモコンを探すとダイニングテーブルのうえに置いてあった。

駆け寄ってすぐに電源ボタンを押すと、画面は消えたが、どうしたことか、泣き声はスピーカーからまだ聞こえてきて、一向に止もうとしない。

怯えたM子さんは財布だけ持って、家を飛び出した。

そのまま市内にある夫の勤め先まで行き、事情を説明すると渋々ながら一緒に帰ってもらえることになった。

恐る恐る夫と家に入ると、先ほどの声はもう聞こえなくなっている。

「ほら、やっぱり気のせいだろう。そんなことがあるわけないじゃないか」

苦笑いしながら夫がそういった瞬間、

「んぎゃあ、んぎゃあ、んぎゃあ、んぎゃあ――」

赤ん坊のものとしか思えない泣き声が、天井のほうから木霊するように響き渡ったので、愕きのあまりふたりともその場にしゃがみ込んでしまった。

夫は腰が抜けたようになってしまい、その日の夜はまともに動くことができなかったという。

その出来事から五日ほど経った頃のことだった。

隣の上田市へ買い物に行き、車で自宅に帰ってくると、近所の空き家の前にパトカーが数台停まっている。なにやら物々しい雰囲気で、複数の警察官が空き家の庭やその周囲を行き来していた。

いったいなにがあったのだろう、とM子さんは思った。

少し離れたところに顔見知りの近所の住人たちが集まり、顔を寄せ合って話し込んでいる。

M子さんはそちらのほうに近づいていって、どうしたんですか、と尋ねると、

「それがさァ、聞いてよ。怖いわよ。あそこの空き家あるじゃない？　あの家の庭にね、

赤ちゃんの死体が埋まっていたんですって。こんなに小さな乳飲み子らしいわ。庭仕事に来たひとが見つけたそうだけど。あの家、長く誰も住んでいなかったのにねえ。なんだか物騒でイヤになっちゃうわ――」

その話にM子さんは愕然としたが、同時に数日来の謎の現象の理由がわかった気がして、このところの胸のつかえが取れた感じがした。

翌日には新聞やテレビのニュースで報道されたが、それによると、空き家の持ち主に依頼されたひとが庭の手入れをしていたとき、赤ん坊の躯の一部らしきものが土の表面から出ているのを発見したので、愕いて警察に通報したとのことだった。それで捜査員が調べたところ、やはり乳児の死体だったというのである。

その後、死体は生後間もない女の子であることが判明し、埋めたとされる母親も他県ですぐに逮捕された。

供述によると、妊娠は望まなかったもので、中絶しようとしたがその費用がなく、やむなく自宅で出産したのだという。ところが翌日に赤子が死んでしまったので、困った女は保冷バッグに亡骸を入れて新幹線に乗り込み、自分が生まれ育った東御市の、幼い頃に住んだ家の庭に埋めたというのだった。

「こういうとき、罪になるのは必ず女でしょう。婚外子だったのか、その辺の事情はよく知らないけど、赤ちゃんはひとりでは作れませんよ。母親がこんなことをしなきゃならないほど追いつめられていたというのに、それまで男はいったいなにをやっていたのよって、こういった事件がある度に本当腹立たしくなりますよ」

忌々しそうな表情を浮かべながらM子さんはそう語る。

古民家カフェ（上田市）

近年、長野県では急激に空き家が増えており、その活用方法が問題になっている。所有者が定期的に来て管理しているのならいいが、そうでない場合、建物は朽ちていく一方で、伸びた庭木が隣家に迷惑を掛けるというケースも多い。

廃墟のように扱われて心霊スポット化してしまうこともあり、深夜になると車に乗った若者たちが見物にやってくるなど、地域住民にとっては悩みの種になっているようだ。

場所と雰囲気のいい家であれば借り手や買い手がつくこともあり、そば屋やカフェなどの飲食店、外国人向けの宿泊施設としてリノベーションされることが最近では増えているという。

内装業を営むTさんの話である。

五年ほど前、Tさんは上田市内の同業者から、ある古民家のクロス張り替えの仕事を依頼された。ひとり親方でやっているため、そのような形で仕事を斡旋《あっせん》してもらうことが時折あるそうだ。

その日の午前中は別の仕事があり、午後二時過ぎに現場へ行ってみると、古民家といっても昭和四十年代に建てられたとおぼしい二階建ての家屋だった。

前の住人は綺麗に住んでいたようで、庭などをみても細かなところまで手入れが行き届いており、荒《すさ》んでいる様子はまったくなかった。

話によると、この民家を洒落たカフェにリフォームしたいということだった。

早速、家のなかに入ってみると、電気や水廻りの工事はあらかた終わっており、後はTさんがクロスを張り替えるくらいのものだった。依頼は一階の店舗部分とのことなので、工期は三日もあれば大丈夫だろうと返事をしておいた。

朝からの曇天のため室内が薄暗いので、部屋の照明をすべて点けながら作業をすることにした。

掃き出し窓のガラスやサッシ、和室の畳も新しいものに変わっており、居間であったところには明るい色のフローリングが張られているので、室内にいるだけだったらまるで新築の家のようだった。

下準備を終え、壁に向かって作業を始める。

どれくらい経った頃だろうか。集中して躯を動かしているうちにカーテンのない窓の外はすっかり暗くなり始めていた。時計を見ると、午後五時半を差している。

――もうこんな時間か。

一部屋は完成したが、まだ二部屋とトイレが残っているので、告げている工期を考えると、もう少しやっていく必要があった。

外に出て一服つけると再びなかに入って作業を始める。――と、そのときだった。

ふと背後にひとの気配を感じ、とっさに振り向くと、鼠色のカーディガンを着た腰の曲がった小柄な老婆が、室内を漂うように移動している。

一瞬、業者の誰かかと思ったが、そんなわけがない。施主かとも考えたが、たしかまだ小さな子どものいる若い夫婦であったはずだ。その若夫婦の親の可能性もなきにしもあらずだが、それにしても様子がおかしい。

こちらには一瞥《いちべつ》もくれず、勝手知ったるように家のなかをふわふわと捉えどころのない感じで歩いているのだ。

――痴呆老人が間違って入ってきたのか。いや、もしかしたら前の住人が忘れ物かなにかを取りに戻ったのかもしれない。

と、そうTさんは感じたが、そんなものは屋根裏も含めて全部撤去済みだろうと思われた。

すると、老婆はすっと部屋から消え、階段へと続く廊下のほうに向かう。

Tさんは慌てて後を追いかけた。階段を見上げたそのとき、思わず、ひッ、という声が漏れ出た。

二階に上りきったところの踊り場に老婆が後ろ向きに立っていたからだ。僅か一秒か二秒ほどしか経っていない。腰の曲がった老婆が、そんな敏捷《びんしょう》に階段を上れるはずがなかった。

すると、その瞬間。

老婆は後ろを向いたまま階段を下りてくる。それも考えられない速さで、しかも両脚が動いているようには見えない。

歩いているのではないのだ。

そう思ったとたん、作業道具もそのままにTさんは現場を飛び出していた。

あれはなんだったのか。とても生身の人間とは思えない。

もしかしたら――幽霊なのだろうか。

根《こん》を詰めて作業していたことで、疲れから幻覚のようなものでも見てしまったのだろうか。

いや、そんなことは今まで一度もなかったではないか。

外で煙草を吸うなど気分転換をしてみたが、再び家のなかに入るのがどうにも恐ろしかった。帰るにしてもある程度片付けなければならないので、考えたあげく友人に飲みの誘いの電話を掛けると、適当な理由をつけて古民家の場所まで来てもらうことにした。

友人が来ると、なにごともなかったかのように一緒に家のなかに入り、ようやく片付けて帰ることができた。

翌日以降は朝のうちから作業を始めて、午後のまだ明るい時間帯に終わらせるようにしたそうだ。老婆を目撃したのは初日の一度だけで、残りの二日間は見ることはなかったとのこと。

現在もその古民家カフェは営業しているそうだが、その後の幽霊の出現についてはわからないという。

青い標識（飯田市）

飯田市に住むT子さんの話である。

T子さんは市内のカフェ店に勤めているが、通勤にマイカーを使用しているそうだ。

二年前の夏の、ある午後のこと。

その日のシフトは遅番だったため、T子さんは昼過ぎに自宅を出た。近くには小学校があり、いつも使う道路は児童たちの通学路になっている。

登校時間ではないので子どもたちはいないものの、信号のない場所の横断歩道は特に気をつけて通過するようにしていた。

細い路地から大きな通りへと合流する場所に一時停止と横断歩道の標識がある。道路には一時停止の白線と短い横断歩道が表示されていた。

いつものように減速しながら白線の手前で停まり、ふと顔を上げたときだった。

横断歩道の標識に強い違和感をおぼえた。

小学生男児と小さな女児の歩く姿がピクトグラムで表現された青い標識である。

だが、そこに描かれているのはふたりの子どもではなかった。

割烹着《かっぽうぎ》のようなものを着た、高齢とおぼしい女性が血まみれになって道路に横たわっている姿だった。それは白い絵ではなく、まるでカラー写真を切り抜いたかのようなリアルさなので、これはいったいなんだろうと、発進することも忘れて見入っていた。

気づくと後続車がすぐ後ろに近づいていたため、車から降りて確認まではできなかったが、真っ昼間でもあり、どう考えても見間違いだとは思えない。

誰かが悪戯でもしたのだろうかと考えたが、標識は大人の背丈でも届かないような高さにあるのだ。

誰だかわからないが、わざわざ梯子《はしご》のようなものに昇って、あのような細工をしたのだろうかと奇妙に感じた。

翌日も同じ道路を通ったが、そのときは横断歩道の標識に異常はなかった。ごく一般的な、ふたりの子どもが白く描かれた見慣れたものだった。

不思議な出来事ではあったが、日々の暮らしに追われているうちに、いつしかそのことは忘れていた。

数週間経った頃、仕事の最中にあのときのことをふと思い出し、なにげなく同僚に話してみると、

「やだァ。それってさ、たぶんその横断歩道の場所で、過去に死亡事故があったんじゃな

い？　割烹着っていうからかなり昔のことだと思うけど、きっとお婆さんがその道路で轢《ひ》かれちゃったのよ。可哀そうにいまだに浮かばれないのかしらね――」

そういわれて初めて、あの道を通るのが怖くなったという。

幽き者たち（信州各地）

生涯に亘って心霊体験をしたことがないというひとは多い。

暮らしの現実的な問題に捉われているうちに忘れている場合もあり、こういった話がありますよ、と水を向けるようにいくつか体験談を披露してみると、ああたしかそういえば――というふうに思い出してもらえることもしばしばある。

またいわゆる霊感や霊媒《れいばい》体質など持ち合わせていないのに、たった一度だけ、些細《ささい》ではあるが奇妙な出来事や説明のつかない体験をしたというひともあり、これは思いのほか多いようだ。

これから記す話は、そういった方々から伺った、ある意味では稀有《レア》な体験談である。


茅野市に住むUさんの話。

Uさんが中学生だった今から十五年ほど前の、冬のある日の夕方だったという。

スケート教室からの帰り道のことだった。

家路に向かって歩いていると、ある一軒の住宅の車庫からひとりの女性が自転車を押しながら出てきた。

黒いナイロンの上下を着た、耳当てをしている中年の女性だった。

歩道のすぐ脇には国道が走っている。

女性は少し先にある横断歩道ではなく、道路を横切って渡るつもりのようだった。

右を見て、左を見て、注意しながら渡ろうとしている。

そのとき一台のトラックが轟音を響かせながらこちらに近づいてきた。

反対方向からは車は来ていないし、トラックの後続車もなさそうなので、それが行ったら渡るのだろうとUさんは思った。

しかし――。

トラックが目前に迫った瞬間、女性はなんの躊躇《ためら》いもなく道路に飛び出していった。

――あ、ひかれた！

思わず眼を瞑《つむ》ったが、トラックの遠ざかる音だけが聞こえてくる。

恐る恐る眼を開けると、事故など起きておらず、女性の姿もなかったという。

これも少し似た話である。

上田市に住む会社員のMさんは、朝の通勤時に上田城の脇道を通るそうである。

今から四年ほど前の初夏のこと。

いつものように駅に向かって歩いていると、二の丸橋の近くの道路に夫婦と思われる高齢の男女が佇んでいた。

歩道にいるのなら問題はないが、車道の真ん中に立っているので、そんなところにいたら危ないだろうと思った。

ふたりはなぜか二メートルほど隔てて立っており、格好も冬山登山でもするような重装備なので奇妙に映った。視線の先がどこなのかわからないが、ふたりともぼうっとなにかを見つめているような眼差しなのも変だった。

と、そのとき、一台の自家用車が走ってきた。

走行音に気づいた夫婦が歩道に上がるか、車が停車するかのどちらかだろうと思っていると、運転手はブレーキを掛ける様子がなく、更にスピードが上がっているようだった。

まさかお互いに気づいていないのか。

このままではふたりとも轢かれてしまう――。

あッもうダメだ、と思ったその瞬間、車はふたりをすり抜けて、道路の向こうへと消えていく。

夫婦はなにごともなかったかのように同じところに突っ立って、死んだような眼で一点を見つめていた。

それを見た刹那《せつな》、Mさんの腕にぞわっと鳥肌が立った。

生きた人間ではないと感じたからである。

後ずさるようにしてその場から離れたが、少し眼を離した隙にふたりの姿はかき消えていたという。


松本市に住むF子さんの話。

三年前、F子さんの義母が入浴中に心筋梗塞《しんきんこうそく》で倒れ、市内の総合病院に救急搬送された。夜中に知らせを受けて夫と一緒に病院へ向かったが、夫は気が動転しているためF子さんが車のハンドルを握っていた。

病院の前に差しかかったとき、入院着を身につけた男性が信号のない横断歩道を渡ろうと待っているのが見えた。

その手前の白線で一時停止すると男性は歩き始めたが、特にこちらに会釈をするでもなく、当たり前というふうに歩いている。信号のない横断歩道に歩行者がいた場合、一時停止するのは当然であるし、入院しているなら気の毒だけれど、なんだか感じが悪いわね、とF子さんは思った。

だが——。

男が渡っている最中、ヘッドライトに照らされながら、頭のほうからその姿が消失してしまった。

気のせいかと思い、隣の夫のほうを見ると、かちかちかちかちかち、と歯を鳴らしながら白眼を剝いている。

「ねえあなた、どうしたのよッ」

なにごとかと躯を何度も揺さぶると、夫はようやく正気に戻ったが、ほんの僅かな一瞬に猛烈な睡魔に襲われ、恐ろしい夢を見たというのだった。

どんな夢を見たのかと尋ねたが、夫は暗い顔をしたままなにも答えなかった。

義母はその日の夜に亡くなってしまったそうである。

佐久市に住む会社員Rさんの話である。

十年ほど前、Ｒさんが飼っているチワワが突然夜中にけたたましく鳴き始めた。

どうしたのだろうと寝室の照明を点けてみると、カーテンの向こう側でなにかが起きているような、形容しがたい違和感をおぼえた。

立ち上がってカーテンをめくると、隣家の窓から火の手が上がり、もくもくと煙が上がっている。

すわ火事だとばかり、その場で消防に電話を掛けると、すでにわかっているようで現場に向かっている様子だった。

ほどなく複数の消防車が来て消火に当たったが、完全に消し止められるまで数時間掛かった。

その家には元々高齢の父親と息子が住んでいたが、一年前に父親は病気で亡くなり、中年の息子がひとりで暮らしていた。

焼け跡から男性とおぼしい焼死体が一体見つかったというので、どうやらその息子が亡くなってしまったようだった。

それからというもの、火事のあった時刻になると、

「おおい、おおい、たすけてくれッ、おおい、はやくたすけてくれッ」

そんな凄まじい叫び声が、時折、窓の外から聞こえてくる。

それはRさんだけでなく、近所の住人たちも同じ経験をした者が何人かいたそうである。だが不思議なのは、その声は火事で死んだ息子のものではなく、どう聞いても年老いた父親の声なのだという。

四年前、Uさんは北アルプスの奥穂高岳から西穂高岳を縦走したが、長く憧れていた名高いジャンダルムに挑戦することがこの登山の目的のひとつだった。

ジャンダルムはドーム型の巨大な岩稜《がんりょう》である。

その岩壁は殆ど断崖絶壁といってよいほどで、柱状節理《ちゅうじょうせつり》のため極めて登りにくく、足を踏み外したりバランスを崩したりしたら転落の危険があることで有名だという。

実際、その場所では過去に多くの滑落事故が起きており、最難度といわれるこのコースのなかでも一番の難所といえた。

緊張しながら両手両足を使い、岩にへばりつきながら登っていく。

周囲はガスで白く靄っていて霧が立ち込めたようになっている。まるで景色というものがなく、ただ灰色のささくれだった岩しか見えない。そこを登っていく恐怖感は想像していた以上で、山に慣れているUさんでも足が震えるほどだったが、そのスリルと頂上に立ったときのなんともいえない高揚感のために登っているのだった。

ふと足元のほうを見下ろしたとき、数十メートル下のほうからこちらに向かってひとが登ってくるのがみえた。男性のようだが、なんだか妙な感じがして仕方がない。

なぜだろうと思っているうちに登山者はみるみるうちに近づいてきて、その姿がはっきり見えるや否や、Uさんは言葉を失ってしまった。

ビジネスマンのようなスーツを着ていたからである。

ネクタイを締め、黒い革の短靴を履き、ナイロンのショルダーバッグを肩から提げている。

単に目立ちたいだけなのかもしれないが、登山とはかけ離れた格好で登る者は時折いるので、そういった類だろうかとUさんは思った。いずれにしても変わったひとであることはたしかである。場所が場所だけに、できることなら関わることは避けたかった。

それにしても男の登ってくるスピードが尋常ではない。

ベテランのクライマーでさえも恐る恐る登攀《とうはん》するこの岩壁を、まるで手足に吸盤でも付いているかのようだった。と、次の瞬間、五メートルほどの距離を男は一秒も掛からずによじ登り、あっというまにUさんの脇をすり抜けていく。

――なんだあれは……。

人間業とはとても思えない。

どんな上級者でも急峻《きゅうしゅん》なこの険しい山肌をこんな速さで登れるわけがない。

男の影はみるみるうちに小さくなり、ほんの数十秒のうちに頂上まで辿りついてしまったようだった。

Uさんが登頂したときには男の姿はすでになく、下りていったはずの方向を見ても視界の届く限りでは、どこにも見当たらなかった。

男に抜き去られたとき、微《かす》かに菊の香りを感じたそうだが、そのにおいは頂上付近にまだ漂っていて、長く消えなかったそうである。

三年前の、大寒の日の朝の出来事だという。

安曇野市に住むE美さんは当時高校生だったが、通学のためにいつも通っている小川沿いの道を歩いていると、川面が凍っていることに気づいた。

すると、川の真ん中、二十メートルほど先にランドセルを背負った男の子がひとりで歩いているのが見えた。

薄氷である。

子どもといってもそれなりの重さはあるので、氷が耐えきれるわけがない。

危ないよッ、と大きな声を出そうとした、その瞬間。

子どもの姿が消えた――とそう思ったら、いつのまにか道路に上がっている。

川面は道路よりも一メートル以上低い位置にあるのだから、僅か数秒足らずで地面に上がれるはずがない。

男の子はE美さんと同じ進行方向に脇目も振らず駆けていったが、小学校は真逆の方向だったという。


五年前の夏、会社員のJさんはふたりの息子を連れて、駒ケ岳の千畳敷カールへ行った。

駒ヶ根市まで車で向かい、そこからはバスで宮田村にある「しらび平駅」まで移動した。

標高約二六四〇メートルにある千畳敷駅へは、ここから駒ケ岳ロープウェイに乗る必要がある。目的地の駅にはホテル千畳敷も併設されており、日本一標高の高いホテルとして知られているため、そこを訪れるのも今回の目的のひとつだった。

オンシーズンではあったが、定員六十人乗りのゴンドラは思っていたよりも閑散としていた。若い女性のガイドがマイクを片手に説明する間にも、ゴンドラはどんどんと高く昇っていく。

普段にぎやかな息子たちも、その景観に圧倒されたのか、大きな窓ガラスに躯をくっつけるようにして、徐々に遠ざかっていく下界や普段眼にすることのない山間を流れる急な河川の様子などをじっと見入っているようだった。

と、そのとき、ガイドの女性がマイクを離して誰かと話している。

ところが、女性の前には誰もいなかった。まるで虚空に向かって喋っている按配《あんばい》だが、どう見てもちゃんとひとに対して話している素振りなので奇妙に思った。

すると、今度は端のほうに立っている中年の男性がぼそぼそと独り言を始めた。それもやはりガイドの女性と同じように、まるで眼の前の誰かと会話を交わしているようにしか見えない。

なんだか妙なひとばかり乗っているゴンドラだなと感じたが、もうそろそろ降りるというときに、今度は自分の息子がふたり揃って誰もいないところに向かって「はい」とか「うん」とかいっているので、急に気味が悪くなった。

すぐに息子たちのところへ行き、

「お前たち、いったい誰と話しているんだ？」

そう尋ねると、一瞬不思議そうな顔をして、少し遠慮気味にふたりともある一点を指さしているが、そこには高齢者や家族連れなどがいて、誰なのかわからなかった。

ゴンドラから降り、遊歩道を歩きながら息子たちに話を訊いてみると、歌番組で女性歌手がよく着ているような、青いドレス姿のおばさんに声を掛けられて答えたというのだった。

そんな場違いな格好をした女性はひとりもいなかったはずだが、なんといわれたのかと尋ねてみると、ふたり口を揃えて、

――ねえ、あなたこわい？

そう訊かれたそうである。


長野市に住む主婦M代さんの話。

十五年ほど前、M代さんは善光寺近くの繁華街のなかにある雑貨店に勤めていた。晩秋のことだった。

M代さんが店のカウンターで事務仕事をしていると、レジの前に客が立っている。腰の辺りまでありそうなロングヘアーに庇《ひさし》のある帽子を被った、色白の若い女性だった。

客がいないものと思っていたので、いつのまに入ってきたのだろうと不思議に感じた。

気づかなかったとはいえ、待たせていたので謝りながらレジに向かった。

すると、女性が突然、

「さがしていたんです」

じっと前を見据えながら、そういった。

見ると手になにかを持っている。先週入荷したばかりのマフラーだった。

「あっ、このマフラーですか？　よく売れていますよ。このところ急に寒くなってきましたからね」

そう答えたが、M代さんの言葉など聞いていないかのように女性は無表情だった。

するとまた、

「さがしていたんです」

M代さんが返答に困っていると、

「くびをつってなくなったのでさがしていたんです」

はっきりとそういった。

とっさに理解ができず、もう一度聞き返そうとしたら、瞬きをしたその僅かの間に女性の姿は忽然と消えてしまった。

愕きのあまりM代さんは腰が抜けたようになってしまい、しばらく立ち上がることができなかった。

女性の手にしていたマフラーがレジの前の床にぽつんと落ちていた。

拾い上げてみると、得体の知れない汚れと新品とは思えない妙なにおいが染みついていたので、オーナーに相談したうえで処分することにした。

「女性がいった最後の言葉の意味がいまだにわからないんです」

そうM代さんは語る。

参考文献・出典・引用

『禁忌習俗事典 タブーの民俗学手帳』柳田国男　河出書房
『門前町伝説案内―善行寺の表参道歩きの基礎知識』小林一郎　龍鳳書房
『定本　黒部の山賊　アルプスの怪』伊藤正一　山と渓谷社
『信州の民話伝説集成　北信編』高橋忠治／編著　一草舎出版
『信州の民話伝説集成　東信編』和田登／編著　一草舎出版
『信州の民話伝説集成　中信編』はまみつを／編著　一草舎出版
『信州の民話伝説集成　南信編』宮下和男／編著　一草舎出版
『長野県民100年史　激動の写真ドキュメント　県民の暮らし100年（1）（2）』神津良子／編集 郷土出版社
『幽霊の住所録 全国霊域情報』中岡俊哉　二見書房
『山のミステリー』工藤隆雄　東京新聞出版局
『信州の天狗――その祭りと伝説』窪田文明　一草舎出版
『信州の狼（山犬）伝承と歴史〈付〉野生鳥獣』大橋昌人／編著　ほおずき書籍
『信濃奇談夜話』野田悠　郷土出版社

『明治期怪異妖怪記事資料集成』湯本豪一／編　国書刊行会
『大正期怪異妖怪記事資料集成（上）』湯本豪一／編　国書刊行会
『大正期怪異妖怪記事資料集成（下）』湯本豪一／編　国書刊行会
『昭和戦前期怪異妖怪記事資料集成（上）』湯本豪一／編　国書刊行会
『昭和戦前期怪異妖怪記事資料集成（中）』湯本豪一／編　国書刊行会
『昭和戦前期怪異妖怪記事資料集成（下）』湯本豪一／編　国書刊行会

あとがき

ありがたいことに二冊目の『信州怪談』である。

サブタイトルは鬼哭啾啾《きこつしゅうしゅう》という四字熟語から採っているが、ここでの鬼は中国などと同様に亡霊を指し、「悲惨な死に方をした者の、浮かばれない亡霊の泣き声が恨めしげに響くさま」という意味であるらしい。

前著の発売はほぼ一年前であったが、その後、ご当地怪談キャンペーンもあり、増刷という初めての体験をして喜んでいたところ、早々に二冊目のオファーがあるとは思っていなかったので、非常に慌てたというのが実際のところだ。すでに多くの話を書き、在庫が払底《ふってい》しているため、新たな怪奇体験談を仕入れなければならなくなってしまった。だが、こういうときほど興味深い話を得ることは今まで何度もあったので、今回もきっと大丈夫だろうと引き受けたのだった。結果、知り合いが知り合いを呼ぶ形で、本書には載せきれないほどたくさんの話が集まったが、私が面白いと感じたものを選び抜いて作品化してみた。

また前著でも怪奇民話を書いたが、各所より思わぬ反響があり、怖い民話には需要があるのだなと思っていたところ、二か月後に刊行された怪談ファンにはお馴染みの文芸誌『怪と幽』（KADOKAWA）の特集が「LOVE民話」だったので大層愕いたのだが、これは私が先鞭《せんべん》をつけたわけではなく、これから民話がくる、というそんな機運が界隈にあったからにほかならない。柳田民俗学などと併せて読むのもまた一興である。本書では前回書き漏れてしまったもの、新たに知ることのできた興趣の尽きない話をいくつか紹介してみた。

また私事ではあるが、前著の締め切りが実母の死去と重なってしまい、著者校等々が大幅に遅れてしまったため、版元と編集氏にはぎりぎりまで待っていただくなど、多大な迷惑をお掛けしてしまった点をこの場を借りてお詫びしたい。

母は病床にあってもいつも私の本を手に取っていたと看護師の方から伺ったが、担当の医師にも買って渡していたというので、ありがたいやら恥ずかしいやら、複雑な気持ちになったものだ。荼毘《だび》に付《ふ》す際、私のこれまでの著作を入れたらいいのでは、という話になったが、本は燃え残りやすいとのことで、表紙をプリントアウトしたものを棺に入れることにした。

だが、怪談本である。ご存じの通り、表紙はおどろおどろしいものばかりなので、どうしたものかと思い、こっそりと裏返しにして入れておいたのだが、それを見た父が「なんだこれは」といってひっくり返したものだから、葬儀業者のひとたちは皆吃驚したような顔で見ていたのだった。悲しみのなかの笑える話として、度々このことを思い出すのである。

建国記念日に　　丸山政也

信州怪談　鬼哭編

2022年4月4日　初版第1刷発行

著者……………………………………………………………………… 丸山政也
デザイン・DTP ………………………………………… 荻窪裕司(design clopper)
企画・編集 ………………………………………………………………Studio DARA

発行人…………………………………………………………………… 後藤明信
発行所………………………………………………………………… 株式会社 竹書房
〒102-0075　東京都千代田区三番町８－１　三番町東急ビル６F
email：info@takeshobo.co.jp
http：//www.takeshobo.co.jp
印刷所……………………………………………………………… 中央精版印刷株式会社